O que você quer TER quando crescer?

MARCELO COELHO

O que você quer TER quando crescer?

Crie respeito pelo dinheiro e aprenda a realizar seu planejamento financeiro pessoal entendendo como e em que investir

EDITORA
IDEIAS&
LETRAS

Direção Editorial
Edvaldo M. Araújo

Conselho Editorial
Fábio E. R. Silva
Jonas Luiz de Pádua
Márcio Fabri dos Anjos
Marco Lucas Tomaz

Preparação e Revisão
Hanna Késia dos Santos Lima
Thalita de Paula

Diagramação e capa
Danielly de Jesus Teles

Ilustrações
Marina Tranquilin

1ª impressão

Editora Ideias & Letras

Avenida São Gabriel, 495
Conjunto 42 - 4º andar
Jardim Paulista – São Paulo/SP
Cep: 01435-001
Editorial: (11) 3862-4831
Televendas: 0800 777 6004
vendas@ideiaseletras.com.br
www.ideiaseletras.com.br

Dados Internacionais de Catalogação na Publicação (CIP)
(Câmara Brasileira do Livro, SP, Brasil)

C672q Coelho, Marcelo

O que você quer ter quando crescer? / Marcelo Coelho. - São Paulo: Ideias & Letras, 2022.
232 p. : il. ; 13,3 cm x 20,6 cm.

ISBN: 978-65-87295-33-6

1. Economia. 2. Educação financeira. 3.Investimentos. I.Título.

2022-368 CDD 332.04
CDU 336:37

Elaborado por Odilio Hilario Moreira Junior - CRB-8/9949
Índices para catálogo sistemático:

1. Economia : Educação financeira332.04
2. Economia : Educação financeira336:37

Dedico este livro a toda minha família. Aos meus inspiradores irmãos, aos amados sobrinhos, à minha querida mãe, dona Neide, e ao meu pai, poço de inspiração, Mario Coelho, que tem grande participação por meio dos seus ensinamentos na criação desta obra. Dedico este livro também à minha bela esposa, Juliana, e ao meu pequeno monstrinho, Nuno, que ontem disse ao telefone para a avó Neide: "O papai escreveu um livro para o Nuno". Agradeço por existirem e por me encherem de afeto e amor, fazendo com que eu me torne diariamente uma pessoa melhor e mais completa. Amo vocês!

SUMÁRIO

Apresentação

Após longos anos focado em ajudar diariamente os clientes com suas demandas de investimentos, sempre com dificuldades de entender exatamente como lidar com essa fera chamada dinheiro, resolvi gastar as poucas horas que passaram a me sobrar, nesse período de quarentena obrigatória, rabiscando e rascunhando informações sobre finanças pessoais, memórias da minha relação com dinheiro e o que eu já tinha passado ao longo da minha vida tentando domar a fera (dinheiro), transformando-me em uma espécie de filósofo da quarentena, com mais tempo para pensar e avaliar a vida pessoal.

O que nos primeiros dias eram apenas rabiscos e rascunhos com informações soltas, passou a se transformar em um acúmulo de ideias com um pouco mais de forma e objetivo. Passei a acordar todos os dias pela manhã querendo enriquecer aquele arquivo Word nomeado de *Rascunhos*, jogado na minha área de trabalho, cheio de ideias avulsas.

Em uma determinada noite, eu pensei "por que não?", "por que não transformar aquele aglomerado de ideias jogadas, os rascunhos da quarentena, em alguma coisa maior e mais concreta? Estou me iludindo?". Sim! Nesse momento eu já estava iludido e o desejo maior que vinha à minha cabeça era: "Vou escrever um livro!". E como nas finanças pessoais, que começamos guardando um pouquinho aqui e outro ali, fui juntando uma ideia aqui e outra ali e pensei "por que não lapidar tudo isso?". Assim, as coisas foram tomando forma e se ajeitando.

Resolvi dividir os rascunhos em alguns capítulos, tentando criar um esqueleto que sustentasse o raciocínio, alinhando as ideias para que esse material pudesse, de alguma forma, ajudar alguém no futuro, assim como venho fazendo em meu dia a dia nos últimos anos por meio das minhas assessorias de investimentos, mas agora de uma maneira diferente: em forma de livro. E aqui estou eu!

Meu objetivo nesta obra é ajudar você a conseguir ter uma relação mais tranquila com o dinheiro, e que este se torne uma área resolvida na sua vida com o passar dos anos, e, para atingir meu propósito, trarei um *mix* de temas relevantes, destacando sempre a importância do planejamento financeiro, passando pelos ciclos da vida financeira de um investidor, bem como pelos tipos e perfis de investimento, com dicas de como poupar e domar a fera que chamei de dinheiro, priorizando o que é essencial, enxugando exageros e finalizando com a prática, desvendando o mistério dos principais produtos de investimentos e simulando carteiras. Além disso, dividirei com você algumas histórias pessoais vividas, que revelam um pouco de como iniciei a minha relação com o dinheiro.

Aviso que falarei bastante de longo prazo. Mas espere! Não vá! Continue lendo este livro maravilhoso, por favor! Sei que o longo prazo assusta e a gente tende a querer sempre um retorno imediato, mas vamos ver como é mais saudável e sustentável criar horizontes de longo prazo e o quanto isso te trará mais frutos que o imediatismo. Dê uma chance ao seu futuro!

Eu e o dinheiro

Respeite a "grana"

A educação financeira é o conjunto de conhecimentos e conceitos que te ajudam a entender e a melhorar sua relação com o dinheiro. É a maneira como você entende o universo do dinheiro e como usa as ferramentas possíveis para lidar com ele. A ideia é que, à medida que for adquirindo conhecimento financeiro, você tenha mais facilidades para enfrentar seus entraves financeiros em seu orçamento a longo prazo e saiba o que pode ser feito para minimizar os possíveis impactos negativos.

O primeiro passo para adquirir uma cultura financeira é entender o porquê desse assunto merecer tanta atenção. Nós só criamos consciência sobre algo quando entendemos a sua importância em determinado assunto e seus impactos em nossas vidas. A educação financeira é um assunto para todas as idades e vem ganhando espaço em todas as faixas etárias ultimamente. Mas quero dar um destaque maior para a relevância do assunto nos estágios iniciais da geração da sua renda, uma fase que indica um ponto de partida e de decisões importantes, pois quanto mais cedo uma pessoa souber lidar com suas finanças, mais possibilidades há de garantir um futuro melhor. Esse é o melhor cenário para uma vida financeira mais sustentável, e se esse não for o seu caso, nunca é tarde para começar. Eu vejo cada vez mais pessoas de diferentes faixas etárias buscando informações e querendo entender um pouco mais sobre possibilidades, oportunidades de investimentos e sobre o grande cenário dos investimentos, cenário este que acaba sendo um pouco mais volátil no Brasil, se comparado a países mais desenvolvidos, em decorrência de exposições a crises políticas e econômicas e por sermos impactados também pelos problemas rotineiros como outros países emergentes, que são mais suscetíveis a oscilações em crises mundiais, por exemplo.

Saber o que fazer com o próprio dinheiro é fundamental para quem pretende viver com tranquilidade, e cuidar do dinheiro é tão importante quanto consegui-lo. Sem isso, mesmo os mais altos salários podem se tornar incompatíveis com o estilo de vida de quem os recebe: você pode ter uma ótima fonte de renda e, com isso, ter um poder aquisitivo maior, mas isso não é o suficiente para dizer que você terá tranquilidade no futuro e manterá um nível confortável de vida para sempre caso não entenda o que é educação financeira. Esse descontrole pode acarretar em dívidas, projetos ineficientes e enrascadas financeiras, o oposto do financeiramente saudável.

Na prática, a importância da educação financeira é dar condições para uma pessoa decidir melhor o que fazer com o seu dinheiro. Quanto poupar? Quando começar a investir? Quando buscar mais rentabilidade? Quando buscar mais segurança? Quando buscar mais liquidez?

Dito tudo isso, vou abrir um parêntese para compartilhar com vocês um pouco da minha história e um pouco sobre algumas fases da minha vida, que me ajudaram na criação de respeito pelo dinheiro.

Minha relação com o dinheiro

Infância

Venho de uma família de pai comerciante, e como se não bastasse ser comerciante, meu pai ainda é português comerciante, então o escambo, o *trade,* o olhar para a margem de lucro está no sangue. Quem vive de comércio passa por bons momentos e momentos difíceis, dias de sol e dias de chuva. Mas você, que é adolescente e está passando por essa experiência dentro da sua casa, sai com ensinamentos enriquecedores absurdos. É uma faculdade caseira, que te ensina a criar casca e a criar respeito pelo dinheiro, e todo planejamento financeiro começa por respeito ao dinheiro: se você entende o real valor dele, o valor para conquistá-lo, todo o processo que passaremos neste livro se tornará mais fácil e fará mais sentido para você.

Quando eu tinha lá pelos meus nove ou dez anos, o que eu mais fazia com os meus amigos era jogar bola na rua, com traves improvisadas com chinelos e uma bola de "capotão" tão pesada que "explodia" nos portões dos sobrados. O que mais se via eram marcas das boladas nas paredes, "tampas" dos dedões dos pés perdidas no asfalto a cada fim do dia, "três dentro e três fora", "rebatida", "gol a gol", "contra" os times das ruas de baixo, opções não faltavam. Éramos em seis amigos (dois, inclusive, eram irmãos) em um conjunto de cinco sobrados, e eu era sempre aquele com menos habilidade de todos. Porém, minha sorte é que um time de rua na minha época era formado exatamente por seis jogadores, e se o time fosse seu, em qual posição jogaria o sexto melhor jogador do time? Sim, no gol! Eu era o goleiro!

Me segurava com unhas e dentes naquela chance que Deus estava me dando, naquela luz divina de ser o sexto melhor jogador de um time de seis jogadores. Consequentemente, aquela era uma chance única de ter uma vaga cativa de goleiro titular do Paulistano F. C., com sede na Rua Tarapitinga, em São Miguel Paulista.

E foi por aí, com essa ironia do destino, que tomei gosto por ser goleiro e passaria a jogar no gol nos próximos anos até me aposentar dos gramados amadores.

E assim era a minha rotina dia após dia, semana após semana, intercalando o futebol com outras brincadeiras, sempre tendo o primeiro, contudo, como foco maior.

Eu sempre fui uma criança sem muitas habilidades, não só no futebol. Meus amigos tinham bolinhas de gude sujas de terra e ganhadas no "triângulo", as minhas eram branquinhas e de leite, novas e compradas. As pipas dos meus amigos eram cortadas e aparadas, ou feitas manualmente, fazendo cola de farinha de trigo e cortante no fogão da mãe, com rabiolas feitas de sacolinha de mercado. As linhas eram frutos de pipas "mandadas" e duravam e se multiplicavam pelas suas habilidades. As minhas pipas eram compradas prontas, com rabiolas industrializadas e tudo, linha branquinha, "corrente" nova, o cortante comprado pronto, armazenado em garrafinha (na década de 1990 tudo isso era liberado).

Nessa mesma época, em que revezávamos nossos portões de garagem para ser o gol e jogávamos contra times de outras ruas em batalhas de times, em que um usava camisa e o outro não, e fazíamos das nossas havaianas surradas as traves, uma quadra Society inaugurava na vizinhança, e nela tinha lanchonete, vestiários, escolinha de futebol e tudo o mais. Ela era incrivelmente nova, com traves branquinhas, redes virgens, sacos de bolas novas e brilhantes, coletes de cores variadas, praticamente um Santiago Bernabeu (Estádio do Real Madrid) no meio de São Miguel Paulista. Lembro como se fosse hoje: os seis amigos parados em frente ao "Santiago Bernabeu", todos boquiabertos, debruçados com os braços apoiados na grade verde e sentindo o cheiro de grama sintética nova, tudo cheirava a tinta, e só queríamos dar nem que fosse apenas um chute naquela bola, nem que fosse só uma tentativa de acertar aquela trave. Precisávamos daquilo!

A história está muito bacana, mas qual a relação da infância de uma criança sem talentos com o dinheiro? Ao contrário do que a maioria está pensando, não, o meu dinheiro não era fruto de um pai "rico" que cedia aos caprichos de seu filho mimado! Ele era fruto da minha própria economia, e vou explicar para vocês como isso era possível para uma criança na faixa dos dez anos de idade, e como tive as primeiras noções de investimentos "na marra", com propósito, sozinho e na prática. E, para isso, vou precisar entrar em mais detalhes para que vocês saibam de onde vem essa minha relação com o dinheiro.

Eu sou o caçula de quatro irmãos, dois homens e duas mulheres, e fui criado de uma forma um pouco diferente de hoje em dia. Falo isso com propriedade porque, hoje, além de ser filho, também sou pai. Naquela época, eu me contentava com tudo que eu ganhava e ganhar não necessariamente significa ser algo novo: meu quarto nunca foi meu quarto, era sempre o quarto dos meus irmãos, com seus pertences e seus móveis, onde eu dormia também. E não foi assim por dificuldades financeiras, mas era uma época diferente, em que nossos país tinham quatro ou cinco filhos, então quem vinha na frente escolhia seus pertences, e quem nascia depois ia absorvendo o que os primeiros ganharam ou puderam escolher, então comigo não foi diferente, já que fui o último dos quatro.

Com o passar dos anos, a tradição foi se consolidando e fui herdando o que vinha pela frente, principalmente os móveis dos meus irmãos, uma escrivaninha, uma cômoda e uma cama própria. Esse conjunto foi o ápice para mim: todos os móveis tinham sido herdados das minhas duas irmãs, roxos e com *design* feminino da (acredito que extinta) loja George Nicole. Na época comprei uma lata de *spray* e passei o dia pintando todos os móveis de preto fosco, feliz porque seriam meus móveis a partir dali e eu poderia guardar as tranqueiras que eu ainda não tinha acumulado na minha própria escrivaninha preta fosca, com falhas roxas brilhantes. Me lembro que no mesmo dia eu colei um adesivo da Pakalolo e um da Maçã Verde (extintas marcas de roupas) na minha própria cômoda (detalhe: eu não tinha nenhuma roupa dessas marcas. Os adesivos, na verdade, me foram dados).

Inicio com essa história não para mostrar demérito na herança dos móveis, mas para mostrar que minhas referências me ensinaram a absorver, com valor, o que me era dado, a agradecer o que se tem, independentemente de ser novo ou velho, escolhido ou herdado.

Se meu pai comprasse uma bolacha sem recheio, na minha cabeça era a bolacha sem recheio que eu merecia, e ficava feliz por meu pai ter comprado algo pensando em mim. Se hoje existisse refrigerante Simba, e não Coca-Cola, e meu pai tivesse comprado para mim, era porque naquele dia ele quis comprar Simba, e não Coca-Cola. Não existia um critério de argumentação. E não, as coisas não eram assim por eu ter um pai rígido e empoderado! Pelo contrário, meu pai nunca foi assim. As coisas eram assim para mim simplesmente porque em casa era assim e ponto final. Nunca tive essas regras comportamentais estabelecidas; era, ao contrário, um comportamento natural talvez imposto pela história de vida do meu pai, de perdas e ganhos, de dificuldades nas conquistas, de busca de espaço e de sobrevivência ao chegar de Portugal, então, talvez, eu tenha absorvido tudo isso indiretamente, sem imposição.

Então, com isso tudo, fui criado com um conceito na cabeça de não pedir as coisas e, principalmente, de não precisar pedir algo além, e sim aceitar o que me era oferecido. Eu reconhecia o esforço do meu pai em me oferecer algo, me trazer uma bobeira, um chocolate. Me lembro de um dia que meu pai chegou do trabalho com um álbum e alguns pacotes de figurinhas d'*Os Simpsons*. Eu adorava *Doug Funnie*, *Tim Tim* e era viciado em todos os campeonatos de futebol da época, mas nunca tinha assistido *Os Simpsons*, o que, para mim, não era um problema: o álbum era bem grande e colorido, e me lembro de ver o personagem Bart sempre andando de *skate* nas figurinhas. Com isso, passei a assistir o desenho e colecionar suas figurinhas. Quando meus amigos tinham o Super Nintendo, eu estava ganhando o Phantom System Gradiente. Quando todos estavam passando para o Sega Saturo, eu estava ganhando o Super Nintendo, e estava tudo certo para mim. Nunca passamos dificuldades e nunca fomos ricos, mas sempre tivemos o que precisávamos. Não me passava pela cabeça pedir algo diferente do que me era oferecido, e essa postura me ajudou muito na minha vida até hoje e na relação que eu tenho com o dinheiro.

Ao contrário do que alguns de vocês possam estar pensando, não, eu não era um coitado por não escolher e sanar os meus próprios desejos e meus gostos. Simplesmente, de uma forma natural, eu aprendi dentro da minha casa a dar valor a tudo que tínhamos e a tudo que meu pai conseguia conquistar com o fruto do seu suor. Essa era uma relação de valorizar as nossas conquistas e não de desejar coisas supérfluas.

Mas, agora, vamos retornar para o futebol e para a quadra Society.

Algumas semanas depois da inauguração da quadra, quatro dos seis amigos já estavam matriculados pelos seus pais na Escola de Futebol Toque de Bola, e iniciaram suas jornadas. Nessa época, eu estudava em uma escola particular, sendo o único dos quatro filhos a ter essa oportunidade, e entendia o esforço do meu pai em pagá-la. A cada reunião que meu pai tinha com a diretora do colégio no final do ano, negociando os valores para a renovação da matrícula do próximo ano, havia um esforço sem tamanho para que eu conseguisse continuar estudando, e eu entendia e valorizava muito isso. O custo da mensalidade da escolinha era de R$ 50, mas não achava justo pedir para o meu pai pagar esse capricho extra, pois essa não era a prioridade, então resolvi dar um jeito de conseguir pagá-lo sozinho.

Estávamos em 1994-95, no início do Plano Real, e nessa época eu ganhava um "vale lanche" do meu pai de R$ 2 por dia para comer algo no recreio. Meu pai, por ser comerciante, sempre andava com muitas moedas no bolso, moedas graúdas, e eu sempre tive uma relação de acessibilidade a essas moedas para emergências, mas sempre entendi que aqueles R$ 2 eram suficientes e nem sempre necessários no meu dia a dia.

Nesse período, meu pai trabalhava de madrugada, pois era sócio de uma pizzaria que ficava aberta 24 horas. Ele trabalhava das 18 às 6 horas, e quando chegava em casa, antes de ir dormir, colocava os meus dois reais na mesa da cozinha para eu pegar antes de ir ao colégio. Como eu sabia do seu fluxo intenso de moedas no bolso da calça e lembrava claramente do nosso papo de que se fosse necessário, elas estariam lá para emergências, pensei em usufruir desse livre acesso e "pegar emprestado" cinquenta centavos por dia para que eu pudesse somar R$ 2,50 e, ao longo de vinte dias, totalizar os R$ 50 para a mensalidade da escolinha de futebol. Esse foi meu primeiro planejamento financeiro, aos dez anos de idade, que até então estava amparado em me aproveitar e subtrair R$ 0,50 por dia do meu pai, e isso não me deixava confortável, então resolvi ir para o Plano B: pedir um aumento de cinquenta centavos por dia. Falei com ele em um momento no final da tarde, em que estava acordando para já se preparar para voltar ao trabalho, e não dei muita explicação, apenas que os preços na cantina do colégio não estavam lá essas coisas e perguntei se seria possível. Já que meu pai pagava tudo com moeda, não seria nada demais, e como ele ainda estava sonolento, aceitou e não argumentou muito.

Resultado: R$ 2,50 por dia multiplicado por vinte dias = R$ 50 e honestamente matriculado na Escolinha de Futebol Toque de Bola, porém sem lanche nos recreios do colégio. Planejamento financeiro é assim: em alguns momentos da sua vida financeira você terá que abrir mãos de gastos em busca de poupança, em outros momentos você terá que renunciar a alguns gastos, quando possível, em prol de outras prioridades. Nos veremos muitas vezes, em inúmeros momentos de nossa vida financeira, em situações em que teremos que avaliar as prioridades, sejam elas por simples capricho ou prioridades relevantes para o nosso orçamento doméstico. Falarei bastante sobre isso no decorrer da leitura.

Nesse caso, eu tinha dez anos de idade e não tinha gastos fixos, mas tinha ambições pessoais. Percebem que, nesse momento da minha vida, eu consegui estabelecer uma vontade própria como um objetivo pessoal? Eu consegui avaliar com a "renda" que eu tinha as possibilidades e cheguei à conclusão de que me matricular em uma escolinha de futebol me faria mais feliz (e mais saudável) do que uma coxinha e uma Coca--Cola no recreio do colégio.

A partir daí, comecei a criar na prática um contato de muito respeito com o dinheiro. Era incrível para mim o que R$ 0,50 podia ser capaz, e, graças a isso, consegui ter contato com variáveis primordiais para um planejamento financeiro: (1) poupar: eu tinha a capacidade de poupar os R$ 2,50 por dia, que podia não ser muita coisa, mas ao longo de um período de trinta dias era o necessário para meu objetivo; (2) tempo: meu planejamento financeiro era baseado em um cenário claro de tempo de trinta dias, prazo que preestabeleci para que pudesse utilizar o recurso necessário; (3) risco: apesar de não se encaixar aqui por não existir aplicação financeira, podemos dizer que eu não assumi nenhum risco para esse valor. O maior risco que eu poderia correr era a minha mãe encontrar o dinheiro guardado debaixo de algumas figurinhas dentro da minha escrivaninha preta fosca por fora, mas com partes no seu interior ainda roxas, e acabar usando minha poupancinha para ajudar a pagar a moça do Yakult que passava de carrinho pela rua uma vez por mês.

Capacidade de poupar, trabalhar com um planejamento financeiro para cada prazo de seus objetivos e alinhar tudo isso ao risco que você pode correr são etapas importantes que irão compor seu planejamento a cada montagem de portfólio, a cada avaliação de sua carteira. São temas que irei debater durante a sua leitura.

Adolescência

Por volta dos meus quinze anos, eu comecei a alternar o meu dia com o colégio pelas manhãs e a ida durante as tardes à lanchonete que meu pai tinha na época. Saía do colégio, passava em casa, me trocava e pegava a "lotação", cujo ponto ficava a dez minutos andando da minha casa para a Avenida Celso Garcia, no Tatuapé, onde ficava a lanchonete do meu pai. Eu ia sem almoçar, porque para mim era incrível poder "almoçar fora". Nessa época, comecei a ter o meu primeiro "salário": me recordo que o meu pai me dava R$5 por dia para a passagem de ida, já que a de volta não era necessária, porque eu sempre voltava com ele de carro quando fechávamos a lanchonete.

Me sobrava por volta de R$ 3 por dia, algo por volta de R$ 60 por mês. Você, com os seus quinze anos, ter R$ 60 por mês? Eu era muito rico! Guardava cada real, juntando para comprar camisetas de marcas de *surf* e bermudas floridas. Que fase! Mas era moda: quanto mais florida, mais estilosa.

Uma vez a cada dois ou três meses, eu pegava a "lotação" com meus amigos para irmos ao Shopping

Penha e passear, olhar as vitrines das lojas de *surf* e, quem sabe, me dar ao luxo de comprar uma lata de cerveja "gringa" diferenciada, já que tinha o *hobby* de colecionar latas de cerveja.

Eu sempre tinha objetivos e trabalhava para atingi-los, e é assim até hoje. Não pegava os R$ 3 que me sobravam por dia e torrava na mesma hora em doces, por exemplo, algo que eu podia fazer. Podia me acabar no Moranguete, podia torrar no fliperama, afinal, eu só tinha quinze anos. Mas eu sempre pensava no que aqueles R$ 3 economizados a cada dia poderiam me proporcionar mais à frente.

Os meus objetivos maiores sempre falavam mais alto. Planejamento é isso: ter objetivos traçados. Aos dez anos, o meu objetivo era me planejar para pagar uma escolinha de futebol. Aos quinze, meu foco era comprar uma bermuda florida e uma camiseta de *surf*. "Mas Coelho, seus pais não te davam roupas? Que dó!". Claro que sim! Mas eu não pedia. Não sei por que, mas não era da minha personalidade pedir algo que eu quisesse. Se eu ganhasse uma bermuda lisa, porque eu iria pedir uma bermuda florida, que custava 50% a mais?

Então, eu preferia juntar e eu mesmo comprar e realizar os meus desejos. Além disso, também gostava da sensação de ir ao *shopping*, todo "patrão", comer um McLanche Feliz, comprar uma bermuda e depois ainda comprar uma lata de cerveja importada para a minha coleção. Era uma sensação incrível, de realização pessoal. Depois disso, era só trabalhar e juntar tudo de novo, com novos objetivos de "longo prazo".

"Nossa, o livro é de como investir a longo prazo e logo no primeiro capítulo esse autor vem me falar que gastava tudo que ganhava em seu primeiro emprego em bobagens. Estou desapontado!". Eu não quero que ninguém que leia este livro vire o "paranoico mão-de-vaca". Prefiro destacar a ideia de se trabalhar com objetivos futuros, com foco, seja ele se aposentar com tranquilidade, deixar algo para os filhos, comprar uma casa daqui a dez anos ou uma bermuda daqui a três meses, se livrando de excessos para atingir um objetivo maior.

Em 2003, com meus dezoito para dezenove anos, eu consegui o meu primeiro trabalho de carteira assinada e passei a ajudar meu pai somente aos finais de semana. Operador de *telemarketing* de uma empresa terceirizada que prestava serviços para a Editora Abril, eu atendia, em sua maioria, somente ligações de clientes insatisfeitos porque a sua revista semanal não havia chegado no último final de semana. Meu salário? R$ 370 por mês. Enriquei! Saí de R$ 60 por mês para R$ 370. O trabalho? Era o de menos. Eu ouvia histórias sobre o cachorro da vizinha que tinha comido a revista, sobre como o entregador jogou na poça de água, sobre o vizinho adolescente que esperava o entregador jogar a *Playboy* no quintal do dono da assinatura e roubava a revista todo mês. Era até divertido. E outra, eu ganhava R$ 370 por mês.

Por conta do meu primeiro trabalho formal, tive também que abrir a minha primeira conta corrente em um banco. A partir dali, eu poderia começar a pensar em planejamentos mais longos, mas eu não teria muito tempo, porque estava prestes a ir para a faculdade. Nessa época eu fazia cursinho. Fiz um teste e consegui uma bolsa de 50%. A outra metade a minha irmã pagava para mim. Eu não sabia ainda o que queria cursar e nem onde queria cursar. Eu falava que queria fazer Publicidade e Propaganda, mas na verdade nem sabia direito o que iria fazer se fosse publicitário, o que era típico de um adolescente. O cursinho era mais uma questão de ganhar tempo para me decidir.

Nessa época, o comércio do meu pai já não ia tão bem e esperar que ele custeasse a minha faculdade não era uma opção, o que era algo desconfortável para ele, já que havia conseguido custear boa parte das faculdades dos meus irmãos, principalmente no início delas. Mas, como já disse várias vezes anteriormente, nunca passou pela minha cabeça que fosse obrigação do meu pai me bancar coisas além do que ele podia. É claro, eu sei que se fosse um momento melhor, ele custearia, assim como fez no colégio. E a minha vida toda foi assim, meu pai fez tudo por mim: quando dava e o que dava! Sempre foi tudo que eu precisei.

Deixar de cursar a faculdade não era um plano. Minha irmã tinha se formado poucos anos antes em Administração com ênfase em Comércio Exterior na Universidade São Judas Tadeu. E eu, como seguia todos os seus passos como referência, sem hesitar, decidi prestar o vestibular na mesma faculdade e no mesmo curso, pois ouvia que esse curso dava dinheiro, então podia ser uma boa opção. E passei!

Agora vem a parte mais divertida, a mensalidade do curso: R$ 690 e uns quebrados por mês. Meu salário, lembrando, era R$ 370. E agora? Preciso fazer o curso, então vamos ver no que dá.

Era início de 2004. Minha irmã foi comigo no dia da inscrição e pagou a minha matrícula. Uma anjinha. A partir daí, era comigo e eu realmente não sabia muito o que fazer, mas fui fazendo.

Se passaram os seis primeiros meses de faculdade e eu havia pagado somente duas mensalidades. Recebi uma carta em casa solicitando que eu comparecesse à tesouraria da faculdade. Não sabia o que podia acontecer, mas fui acreditando que eles poderiam me tirar da faculdade por não ter pagado metade dos meses. Chegando lá, no dia marcado, estava eu e mais uns quinze ou vinte alunos sentados em uma fileira de cadeiras. A atendente chamava para uma mesinha, um de cada vez, pelo nome. Ninguém se olhava. Umas meninas, inclusive, tentavam esconder os rostos. Todos nós sabíamos porque estávamos ali. Mal sabíamos que nos encontraríamos naquela mesma sala, naquela mesma situação, mais uns sete ou oito semestres pela frente. Ou seja, por todos os nossos próximos semestres letivos.

No meu primeiro encontro com a moça da tesouraria, eu estava em pânico pelo que podia acontecer. O que diálogo se deu dessa forma:

> ***Moça:*** "Ficaram quatro mensalidades em aberto. Como você pretende pagar, Marcelo?".
>
> ***Eu:*** "Não sei ainda, a mensalidade custa R$ 690 e eu ganho R$ 370".
>
> ***Moça:*** "Posso gerar novos boletos desses quatro meses em atraso, com datas para frente, e você vê o que pode fazer?".
>
> ***Eu:*** "Sim, por favor!".

E eu saí da sala mais aliviado, porém com quatro boletos com datas futuras. E assim se iniciava um novo semestre, porém, em vez de seis boletos para pagar, agora havia dez.

Mais um semestre se passou e o que eu fiz? Consegui novamente pagar dois dos quatro boletos em atraso. Nova carta para comparecer à tesouraria. Agora, além de dever um semestre inteiro, eu ainda carregava dois meses do acordo passado. Lá estavam as mesmas pessoas do semestre anterior. Nessa segunda ocasião, o constrangimento me parecia um pouquinho maior, talvez por nos reconhecermos e sermos os mesmos.

> ***Moça:*** "Um semestre inteiro em aberto, Marcelo, e ainda duas parcelas do acordo também não foram pagas. Como você pretende pagar? Posso dividir esse débito em três novos boletos?".
>
> ***Eu:*** "NÃO! Não conseguirei pagar. Não conseguimos gerar o mesmo número de boletos? Empurrar a dívida em oito novos meses?".

Ela fez aquele charme inicial, dando a entender que não seria possível, mas com muita argumentação ela foi para o "não sei" até chegar no "vamos ver, precisa de autorização de não sei quem" etc. Trinta minutos depois, eu saía dali com a dívida empurrada para mais oito meses para a frente. Que alívio!

E assim se encerrava o meu primeiro ano de faculdade: de doze mensalidades, eu havia pagado quatro, e agora com um ano novo todo pela frente, porém com vinte boletos em aberto para pagar, soma dos doze novos mais os oito do ano anterior, acrescido de juros, que já é de praxe.

Abrindo um parêntese, eu ganhava R$ 370, que em seis meses somariam R$ 2.220. Eu paguei duas mensalidades de R$ 690 no semestre, ou seja, R$1.380. Me sobrava R$ 840 reais no semestre, o que dava uma média de R$ 140 por mês. E eu vivia assim. Gastava com condução, alimentação, vez ou outra minha irmã me pagava um lanche no McDonald's, outro dia eu precisava ir resolver algumas coisas no meu pai e as coisas iam andando.

Nessa época, de vez em quando eu ia na lanchonete do meu pai e pedia seu carro emprestado para ir até a faculdade e até, quem sabe, dar uma saída depois da aula. Meu pai tinha um Gol prata, quadrado, ano 1989 movido a gasolina. Em algum momento o marcador de combustível do carro quebrou e meu pai nunca se preocupou em mandar consertar. Para ele era mais fácil andar com algumas garrafas de plástico no porta-malas, cheias de álcool, e caso o combustível acabasse, teria uma reserva.

Lembro de algumas vezes que dois amigos da faculdade, Paulinho e Waltinho, e eu saímos da aula para dar uma volta de Golzinho quadrado, e no risco de ficarmos na rua por não saber quanto tínhamos de combustível, parávamos no posto de gasolina mais barato e pedíamos para o frentista colocar R$ 3 de gasolina e R$ 3 de álcool. O Gol 1989 não era *flex*, mas o Paulinho me garantia que o carro andava e que a mistura daria para andar mais, porque o álcool era mais barato. Nisso, com R$ 2 de cada, dava para passear um pouquinho mais. O Golzinho dava umas "pipocadas", mas andava. Sei que meu pai vai ler este livro, e espero que ele entenda isso e ria, passados todos esses anos.

Nos finais de semana, saía com meus amigos de infância, aqueles que jogavam bola comigo, no carro convertido a gás do Dani. Eu ia no banco da frente e Ademir, Xande e Tico no banco de trás. Como éramos "quebrados", juntávamos uns R$ 4 ou R$ 5 de cada um para colocar metade de gás no Golzinho e dar umas voltas na Praça Silvio Romero, no Tatuapé, e o que sobrava usávamos para comprar esfirras de carne do Habib's e levávamos para comer na casa do Tico de madrugada, assistindo UFC.

Olho para trás hoje e penso: "Como eu fazia isso?". Eu não sei, mas fazia. Era preciso focar no que gastar, era preciso estabelecer prioridades. Sempre existiu um objetivo maior por trás disso tudo, e sempre existiu um planejamento financeiro, mesmo tendo mais débitos do que créditos no meu mês. Tem fases da vida que colocar álcool em carro a gasolina ou comprar esfirra de carne em vez da de queijo para conseguir pagar a faculdade é uma forma de se planejar financeiramente.

Voltemos ao assunto anterior ao parêntese. No início de 2005, eu consegui um estágio para trabalhar em uma sala de ações no Banco Santander. Seja lá o que um estagiário de sala de ações fazia, eu estava muito, mas muito feliz. Foi um processo de seleção que se arrastou por cinco meses e o salário era por volta de R$ 900. Você não faz ideia da alegria que existia dentro de mim nesse momento. Isso significava que eu poderia custear as minhas mensalidades a partir dali e ainda me sobraria uns R$ 200. Nesse estágio se iniciava a minha trajetória no mercado financeiro e com ele começava um caminho totalmente diferente da ênfase do meu curso da faculdade, me distanciando do comércio exterior, mas me aproximando dos investimentos.

Com a minha nova fonte de renda, no primeiro semestre do segundo ano de faculdade, eu tinha conseguido pagar seis dos oito meses em atraso. Agora dava para pagar um boleto por mês. Deixava dois em atraso mais os seis do semestre atual, e chegava para conversar todo final de semestre com a minha agora amiga da tesouraria para falarmos sobre a vida e assinar os papéis do acordo, que jogava para a frente os oito meses que estavam em aberto. E a vida seguia adiante.

E assim se foi até o final da faculdade. Lá pelo quarto semestre, os alunos da "fila" já se cumprimentavam pelo nome, a moça sorria quando nos via, mandava beijo para a família e a preocupação da negociação do primeiro semestre já não existia mais.

"Esse cara aí é só mais um com uma história triste de vida!". Não é isso. Minha história nem é triste. A grande maioria no Brasil não consegue nem cursar uma faculdade, infelizmente, e muitos outros iniciam e param. Eu não tenho do que reclamar.

O que eu quero passar é a ideia de criar objetivos futuros, lutar por eles, ter prioridades e planejar para cumpri-los e focar no amanhã. E, para isso, o dinheiro vai ter que estar presente quase sempre. Precisamos aprender a respeitar o dinheiro e saber como trabalhar com ele, sendo ele pouco ou muito. O fato de você iniciar algo, mesmo sem ter os recursos para pagar, não é exemplo para ninguém. Mas se objetivarmos buscar caminhos para concretizar nossos objetivos, fica mais interessante.

Colocar álcool em carro a gasolina também não é um belo exemplo e não quero estimular ninguém a fazer isso. Mas o Paulinho diz até hoje que isso não é um problema e eu não entendo nada sobre carros, então...

Vida adulta

Passando essa fase de faculdade e ainda comemorando a quitação da mesma, quase um ano depois de ter me formado, eu continuei meu caminho no mercado financeiro. Foram quase quatro anos no Banco Santander, e depois disso eu passaria a ser *trader* na mesa de operações de uma corretora famosa na época, corretora que seria comprada por um grande banco, até me juntar com mais cinco amigos para montarmos um escritório de investimentos como agentes autônomos de investimentos.

A nossa ideia era a mesma de todos que montam um escritório de agentes autônomos de investimentos: ajudar as pessoas a investir melhor e ganhar dinheiro.

Mas eu estava provando uma situação diferente na minha vida. Até então, eu sempre tinha tido carteira assinada, tudo preto no branco, todos os benefícios. E acontecesse o que acontecesse, meu salário sempre estava certo na conta. Porém, quando você decide se tornar agente autônomo, você não tem mais nenhuma segurança e passa a receber em cima do que você gera de receita. Se você gera receita para a instituição, você ganha. Se você não gera, você não ganha. Nosso objetivo era fazer o melhor trabalho possível, fazer com que todos ganhassem bastante dinheiro, porque assim você fideliza a base de clientes e eles te indicam para outros clientes. Simples assim. Mas, nessa época, nosso escritório tinha um foco muito maior em operações com renda variável em bolsa de valores. E bolsa é um mercado de alta volatilidade, com bons momentos e momentos não tão legais, o que faz com que você oscile muito em termos de receita. Em um mês eu ganhava bem, mas no outro mês, não, e essa situação se perdurou por um bom tempo.

Eu passei a me deparar com uma situação de insegurança tremenda, sobre não saber quanto eu iria receber no mês seguinte. Nos meses não tão bons, eu gelava e temia pelo futuro; nos meses que eram bons, eu ficava na pilha de querer guardar o máximo possível, porque tudo era muito incerto. Depois de um tempo, com o escritório mais maturado, eu comecei a avaliar e colocar na balança se valia a pena e percebi que, por mais que eu estivesse acostumado com o risco de bolsa de valores e suas oscilações diárias, eu não estava acostumado às oscilações na minha renda pessoal e no que eu tinha de planejamento de vida. Aquilo não estava me satisfazendo. Para aquele meu momento de vida, não.

E eu acho que foi aí, nessa fase da minha vida, que eu comecei a dar ainda mais atenção e valor para o planejamento de longo prazo, no poupar para o amanhã, na preocupação com o futuro. A incerteza do mês seguinte me machucava. Isso tudo, acrescido de um histórico de vida, do comércio da minha família, oscilando entre bons e maus momentos, me fez aumentar ainda mais o respeito pelo dinheiro e rever a importância de planejar, de poupar, de não pensar só no hoje, porque o amanhã eu desconhecia.

Eu não me arrependo dessa fase, pois era um momento de correr riscos. Se eu não tivesse feito e provado, talvez estaria frustrado hoje. E daí para a frente as coisas aconteceram muito por conta também dos contatos e amigos que fiz nessa época. Na sequência, virei gerente de mesa de operações em uma corretora de valores, depois tive uma experiência de morar por dois anos em Nova Iorque, por uma oportunidade de trabalho da minha esposa, e a minha carreira foi seguindo, mas com uma descoberta pessoal diante de uma experiência financeira nova para mim, me fazendo criar um zelo muito maior pelo amanhã.

Se eduque financeiramente

Eu acredito bastante na absorção de conceitos baseada em *cases* reais, experiências pessoais que se assemelharão com momentos da sua vida, bons ou ruins, e que poderão te ajudar a moldar a sua forma de investir e a sua consciência financeira.

A educação financeira é de extrema importância para você, pessoa física, e é de extrema importância para o desenvolvimento de um país e para a sequência das próximas gerações. A importância vai além do seu planejamento pessoal: é para o país como um todo. Quando se trata de educação financeira, o Brasil ainda tem um longo caminho a percorrer. Eu enxergo uma melhora nos últimos anos na busca dos investidores por esse tema, mas ainda somos carentes de educação financeira quando comparados com outros países.

Mesmo quem nunca passou por alguma dificuldade por causa de dinheiro, vai ter algum conhecido que está com problemas financeiros ou que já passou por isso. De acordo com o Serviço de Proteção ao Crédito (SPC Brasil) e a Confederação Nacional de Dirigentes Lojistas (CNDL), com dados de 2019, 45% dos brasileiros admitem que não fazem controle do seu próprio orçamento. “Mas o que a falta de planejamento financeiro pessoal gera para um país?". Mais pessoas necessitando do governo, principalmente na aposentadoria, mais endividamento, mais pobreza, mais desigualdade, isso tudo somado aos problemas estruturais e já habituais de um país subdesenvolvido como o Brasil.

O conhecimento e a necessidade de se aprofundar em produtos diferenciados também acabam ficando muito distantes da vida dos brasileiros, e isso é compreensível. Se você pensar que 45% da população não controla seu próprio orçamento, você acha que esse percentual está preocupado em investir? Acha que conhecem produtos disponíveis para investimentos e sabem como buscar ganhos maiores e mais saudáveis conforme seu perfil, sendo que nem seu orçamento pessoal é controlado?

Se olharmos os dados de investidores na B3 (bolsa de valores brasileira), conseguimos sentir um pouco dessa distância. Em 2018, nós tínhamos no Brasil apenas 813 mil CPFs ativos realizando operações em bolsa. Já no ano de 2020, atingimos o número de 2,2 milhões de CPFs ativos em operações em bolsa no Brasil, isto é, quase o triplo de investidores aderindo ao mercado de ações em busca de rendimentos mais sofisticados. Houve um avanço, mas ainda se trata de um número muito baixo e insignificante se pensarmos na população brasileira como um todo. Esse aumento de investidores buscando renda variável foi em grande parte ocasionado pela mudança brusca do cenário econômico brasileiro que vivenciamos entre 2017 e 2020, com uma forte sequência de cortes na nossa taxa básica de juros (Selic),[1] fazendo com que parte dos investidores migrassem para a renda variável em busca de Rendimentos Nominais[2] maiores, abrindo mão do comodismo dos anos anteriores, que lhe proporcionavam altos rendimentos, por conta das altas taxas praticadas pela nossa economia.

Isso é uma característica de países com taxas de juros mais altas, que permitem que os investidores não precisem buscar investimentos alternativos e, consequentemente, não criem consciência financeira e não se eduquem em novas opções de investimentos para alocar o seu dinheiro.

"Temos no Brasil mais pessoas na cadeia do que operando na bolsa"

Nos Estados Unidos, por exemplo, mais de 60% da população aplica parte (para não falar grande parte)

---

1 Selic é taxa básica de juros da economia brasileira. É usada pelo Banco Central para influenciar as outras taxas de juros do país. Quem define o valor da Taxa Selic é o Comitê de Política Monetária do Banco Central, o Copom.

2 Valor bruto que o investimento rendeu em um determinado período, antes de taxas e impostos.

dos seus recursos em bolsa, e isso se deve muito a um histórico de taxas de juros mais baixas, o que proporciona rendimentos quase nulos em ativos livres de risco, impulsionando o mercado de renda variável e fazendo com que as pessoas busquem cada vez mais informação e conhecimento sobre as empresas e as diferentes possibilidades de investimentos.

E não é o fato de termos mais pessoas operando em bolsa que define que temos mais consciência financeira ou não, mas sim um reflexo de busca por produtos diferenciados e por renda variável. Tudo isso vem como resposta a uma importância que o investidor dá ao "investir melhor", uma busca pelo diferente, uma busca por algo mais sofisticado que pode render mais, gerando um sentimento de preocupação maior com o crescimento do "bolo".

Além disso, há também o fator cultural: nós brasileiros nunca fomos muito de termos dinheiro sobrando. Trabalhamos hoje para cobrir o boleto de amanhã, dia após dia, matando um leão por dia e, quando sobra um dinheirinho no final do mês, "para que vamos correr riscos?", "se não perder, já está bom!" (já escutei isso muitas vezes de clientes), criando uma cultura mais conservadora.

Concluindo, temos duas verdades: nunca foi fácil ter recursos de sobra para se dar ao luxo de investir e sempre houve um pensamento de "vamos gastar tudo que dá" e, se possível, de gastar também o que não dá. Esses dois pontos, alinhados com um histórico de altos rendimentos em produtos de renda fixa, fizeram com que o brasileiro não sentisse a necessidade de se aprofundar na busca por opções diferentes de investimentos.

Educação financeira, não é sobre deixar de viajar, deixar de trocar de carro, deixar de sair no final de semana, deixar de realizar seus sonhos. Educação financeira é sobre saber priorizar e se organizar para poder fazer tudo isso.

Ganhando e domando

No Brasil, a chamada classe média é uma faixa da população que ganhou espaço nos últimos quinze ou vinte anos. Em 2008, 11% da população brasileira ocupava a faixa das famílias ricas, e a classe média (A e B) era a faixa composta por famílias com renda domiciliar *per capita* superior a R$ 8.159,00, tendo como data base o ano de 2020, conforme estudos da FGV Social. Já em 2019, esse número atingia a faixa de 14,4%, correspondendo a trinta milhões de pessoas. No ano anterior, essa proporção era menor, equivalendo a 13,6% da população.

Os dados mostram um crescimento de renda de parte dos brasileiros, porém esse aumento vem acompanhado sempre de um aumento de custo de vida, e isso acaba sendo cultura do ser humano, visto que se acredita que ganhar mais pode significar poder gastar mais. A questão é: e o amanhã? Como manter o seu atual padrão de vida na aposentadoria? Como pagarei a faculdade do meu filho?

Em paralelo, passamos por uma reforma em nossa Previdência Social no final de 2019, decorrente do aumento da expectativa de vida dos brasileiros e da redução da natalidade, que resultaram em um aumento da população idosa, diminuindo a população produtiva do país. Isso fez com que o governo agisse, visando controlar as contas públicas para os próximos anos. Não quero entrar no mérito da questão dos detalhes sobre a redução dos impactos nos cofres públicos, pois o meu ponto aqui é mostrar que teremos impactos ao longo dos próximos anos com mudanças nos prazos de nossa aposentadoria social. Isso quer dizer que poderemos contar menos com o governo nesse sentido, ressaltando ainda mais a importância de um planejamento financeiro pessoal para o futuro.

Por isso, quanto mais cedo você começar a poupar e a investir corretamente, mais rapidamente suas economias se formarão. A importância de poupar não está somente relacionada à aposentadoria, mas aos seus objetivos financeiros, que podem ser: conseguir custear a faculdade do seu filho, poder fazer aquela viagem incrível, adquirir seu imóvel próprio, comprar um carro, ou simplesmente acumular aquela reserva de emergência para superar momentos difíceis que possam surgir. Imprevistos acontecem e é importante levá-los em consideração (iremos falar mais da importância da reserva emergencial). Quanto mais cedo começar, mais cedo você alcançará seus objetivos financeiros traçados.

O que você precisa entender é que, o quanto você consome e o quanto você poupa estão totalmente ligados, uma vez que o que você irá receber no futuro, como na aposentadoria, está diretamente ligado ao que você conseguiu poupar na sua fase ativa de acumulação.

Muitas pessoas falam que não conseguem guardar dinheiro porque não existem sobras no final do mês e, às vezes, ainda pior, que a renda mensal acaba antes mesmo do fim do mês, aquela velha história do "tem muito mês nesse meu salário", e aí você acaba financiando esses dias do mês que ficaram desamparados com crédito, seja por uso do limite do cheque especial ou parcelamento da fatura do cartão de crédito, ou, ainda, um novo empréstimo. O final desse filme todos já conhecem, e não é um final feliz. Ele leva ao comprometimento de rendas futuras, endividamento, e por aí vai. Muitas vezes, as pessoas não poupam porque privilegiam o presente, o prazer imediato sem pensar no futuro. Se você ficar esperando sobrar dinheiro para investir sem pensar nos seus objetivos futuros, não vai sobrar.

Sem perceber, a gente faz com que não sobre. Supérfluos sem importância surgem a todo momento, as ofertas são muitas por todos os lados, consumindo todas as nossas sobras, e se tornam gastos dentro de um orçamento que se torna quase sempre apertado. Os seus sonhos e objetivos não podem fazer parte das sobras; eles devem ganhar espaço de destaque no seu orçamento. Eu sei que nem sempre isso é fácil executar, ainda que possa ser fácil falar. No dia a dia as coisas não são tão simples como na teoria, mas é preciso fazer acontecer, é preciso se policiar e criar o hábito de buscar caminhos para economizar e principalmente entender que isso é importante e deve ser feito. Você precisa acreditar nisso e, claro, aumentar a sua renda, que sempre vai ser parte fundamental de um planejamento, que consiste em ganhar dinheiro e investir uma parte, para que você tenha conforto futuro.

Quando receber seu salário, se pague primeiro! Como se fosse um pró-labore do seu próprio pró-labore. Comece tentando guardar 5% da sua receita líquida para os projetos futuros de vida e, ao atingir esse plano, tente ir aumentando o nível de poupança até chegar a 20%, que seria um número ideal. Como citei acima, não é só poupar para a aposentadoria. Esse é o ponto mais importante, mas temos que pensar também em poupar para uma reserva emergencial, pois nunca sabemos que desafios teremos que enfrentar, como fazer aquela viagem com as crianças para a Disney, comprar a sua primeira casa própria, custear a educação dos seus filhos. Depois disso, pague as despesas essenciais, o que é necessário para sobreviver, moradia, alimentação, educação, saúde e transporte. Faça uma avaliação de quanto cada item representa em percentual (%) do seu orçamento e avalie se a distribuição de renda está adequada. Os livros dizem que um número importante para se basear no custo de moradia seria de no máximo 30% da sua renda, então esse é um ponto importante para se avaliar. Depois dessas duas etapas, chegamos nos gastos voluntários, que podem ser avaliados para uma redução ou até eliminados do seu orçamento por algum tempo, ou, a depender do gasto, eliminados da sua vida para sempre.

Esse é o momento de avaliar os seus contratos de pagamentos, plano de celular, contrato de TV a cabo, assinaturas de serviços de música, assinatura de revistas e serviços bancários. A avaliação da fatura de cartão de crédito é um simples exercício de achar exageros: liste na fatura o que foi essencial nos gastos do mês anterior e o que não foi essencial, depois faça uma avaliação percentual de quanto você gastou e que não foi assim tão importante para as suas necessidades. Encontre os gastos que são desnecessários na sua fature e se livre deles.

Como você fará esse controle não importa, já que não existe uma única forma de fazer o orçamento familiar e controlar as despesas. Você pode utilizar uma planilha, um aplicativo, um caderno ou mesmo um saco de pão grudado na geladeira com um imã em formato de coração. O importante é que funcione e seja atualizado com frequência.

Como já contei, trabalhei com o meu pai por alguns anos, atrás do balcão. Meu pai tinha um caderninho, todo torto e velho, no qual ele fazia as "férias"[1] do dia, e em dias de muito fluxo financeiro, já vi ele

---

1 Para quem ficou curioso, "férias" é como chamamos o balanço do dia somando as entradas e as saídas do caixa para saber quanto foi o movimento da "casa".

emendando um pedaço de papel e grampeando para que coubesse todos os números. Era assim que ele se encontrava. Eu não entendia bulhufas, mas era um controle que ele entendia e seguia, e está tudo certo.

\+ Receita líquida

–

20% → Esforço
65% → Tentar reduzir
15% → Cortar

Zero ou positivo

Ajustar o padrão e o estilo de vida à sua faixa de renda familiar é um ponto primordial (e talvez cruel) de ser feito, mas adotando essa postura você conseguirá realizar um planejamento de médio e longo prazo, alcançando seus objetivos caso o controle de despesas seja eficiente.

Será preciso estabelecer limites e prioridades para poupar visando os projetos futuros. Alguns perceberão que terão que mudar seu estilo de vida drasticamente, porque olhando com atenção para o seu orçamento, a sua conta não vai fechar; outros terão mais facilidade em "fechar as torneiras". Busque aumentar a sua renda, e, se não for possível, cortes dolorosos deverão acontecer, mas será melhor realizá-los agora do que esperar o pior acontecer e você ter que enfrentar momentos de dificuldades sem amparo financeiro.

Disciplina e comprometimento da sua parte e de todos que fazem parte do seu orçamento doméstico, se for o caso, farão a diferença para alcançar mares mais tranquilos de se navegar para atingir os seus objetivos.

Quando você iniciar a sua jornada em busca de encontrar meios no seu orçamento pessoal de se livrar de gastos desnecessários, você irá se deparar com algumas situações complicadas do seu cotidiano e terá que se livrar de alguns fantasmas pessoais. Será um momento de conflito interno, mas que vai te trazer muito aprendizado.

Vou destacar alguns pontos importantes para que você possa trazer para a sua realidade e consiga identificá-los com mais facilidades. Lembre-se de que quanto mais cedo estas questões forem resolvidas, mais rápido você conseguirá mudar o seu comportamento.

Para que planejar? – As pessoas têm a eterna mania de deixar para depois e ir empurrando o que dá com a barriga. Quem nunca teve aquele amigo noivo há dez anos, que empurrou com a barriga e não tomou uma decisão? Planejar suas finanças e seu futuro financeiro pode não ser tão agradável, mas é de extrema importância e fará diferença em algum momento. A falta de planejamento pode causar sérios problemas em sua vida, como um acúmulo de dívidas ou a impossibilidade de ter retornos melhores por uma vida inteira, tendo aplicações em investimentos ruins.

Você não planeja aquele churrasco com futebol semanal? Não dedica parte do seu tempo naquela planilha de controle para saber quantos quilos de carne e linguiça comprar, pesquisando o preço da cerveja nos mercados da região para comprar a mais barata? Controla quais amigos que participam da vaquinha e que já efetuaram o pagamento de suas cotas "churrascais" e suas cotas de tempo no aluguel da quadra?

Que mulher nunca planejou aquele sábado atarefado antes do casamento da amiga, como fazer as unhas, comprar o sapato para combinar com o vestido, a maquiagem e o cabelo? Tudo pensado e com horários cronometrados? Você não realizou um planejamento bem feito?

É meu, eu gasto mesmo – A velha mania de gastar além da conta. As pessoas que conseguem poupar alguma quantia durante o mês geralmente guardam menos de 5% da renda líquida. Para conseguir poupar mais, você precisa aumentar a sua capacidade de gerar renda e reduzir despesas. Reduzir despesas é a chave para a construção de patrimônio e de orçamento bem feito, e o que viabiliza a gestão eficiente das despesas. Aumentar sua renda sempre vai ser bom para o seu planejamento.

O segredo aqui é mapear entradas e saídas de seu orçamento, descobrir sua receita líquida, suas despesas fixas e seus gastos variáveis. Assim ficará mais fácil encontrar os exageros. Saber quanto entra e quanto sai pode parecer bobo, mas tudo começa por aí.

"Se você comprar coisas que não precisa, em breve terá que vender coisas que precisa" – Warren Buffet

Quem não tem dívida, não é feliz – O percentual de famílias com dívidas em cartão de crédito, cheque especial, cheque pré-datado, crédito consignado, crédito pessoal, carnê de loja, prestação de carro e prestação da casa no Brasil fechou, em janeiro de 2020, nos 65,3%. Isso se deve às famílias criarem a tendência de elevar seu padrão de vida, aumentando ou não as suas receitas. Financiar a fatura do crédito, ou financiar um carro em cinco anos significa que você está destinando uma boa parte de uma renda futura com um consumo imediato. Isso é uma armadilha. Devemos sempre tentar ao máximo custear despesas atuais com o recurso disponível. O crédito deve ser usado para aquisição de bens que contribuam para a construção de patrimônio. *Não gaste tudo que ganha! Não gaste mais do que ganha, NUNCA!*

"A emoção me pegou, tentei escapar e não consegui..." – Desculpe o trocadilho infame com a música, mas foi engraçado na hora que eu escrevi. Ficamos vulneráveis a tomar decisões erradas em momentos de pressão, ou em momentos de mudanças na vida e quando falamos de decisões financeiras. Seja na vida ou com o seu dinheiro, o segredo é clichê: não tomar decisões precipitadas e não deixar que a emoção tome conta de nós em momentos de decisão. Deixe o racional atuar para conseguir tomar as melhores decisões com o seu dinheiro. Se deixar levar tem horas e momentos: se você estiver, por exemplo, em uma viagem de férias bacana, quer dar aquela "esbanjada" em um jantar legal ou mesmo quiser levar a esposa naquele passeio de barco que você achou na internet, que só conseguirá fazer naquele lugar, manda bala! Vai saber quando você fará outra viagem dessa ou quando voltará para esse lugar. Porém, não dá para deixar que a emoção te domine todo dia de semana, no horário do almoço, voltando para casa cheio de sacolas. Controle-se!

"Experimentar a profundidade de um rio com os dois pés" (Warren Buffet) – Assumir um risco maior do que você pode assumir é um problema muito comum no mundo dos investidores, como quando se compra ações porque o meu amigo do trabalho comprou e disse que aquela ação estava "barata" e que não tinha como não subir, quando se entra em fundos que você desconhece porque o seu irmão aplica ou quando se torna sócio de um negócio que você não domina porque a apresentação era tão bem-feita, cheia de dados, que não era possível ser um projeto ruim.

É preciso fazer uma avaliação de perfil e entender "onde o seu calo aperta" antes de alocar seu dinheiro suado em algo que você não entende ou em algo que irá te proporcionar um desconforto momentâneo. Cuidado com as dicas. Busque conhecimento. Vamos falar mais sobre isso adiante.

O grande aproveitador das ofertas imperdíveis – Parece até nome de filme. Infelizmente, eu preciso te dizer que a chance de um negócio imperdível dar errado é grande. Tudo que não dá tempo suficiente de esperar a sua reflexão, de esperar a sua cautelosa avaliação, o seu estudo, tem chance de dar ruim, bem ruim. Essa é a principal tática dos vendedores, principalmente nos *shoppings*. Eles tentam te pegar pelo impulso, na pressão, e em um momento de emoção você faz algo que não deveria. Falamos de emoção um pouco acima e o conceito se assemelha. Cuidado com as promessas de altas rentabilidades. Tem muito disso, principalmente no mercado financeiro. Desconfie!

A síndrome do "serei jovem para sempre" – Esse é um grande problema da população: achar que pensar no futuro não é necessário, que está muito longe. Mas, um dia, o tempo passa e essa conta chega. Quer parar de trabalhar aos sessenta anos? Você precisa fazer algo para que isso aconteça. O tempo e os juros são nossos aliados e podem facilitar a realização dos nossos objetivos.

"Olha! Eu nem vejo quanto eu pago. Quando vier a fatura, eu vejo o que faço" – "Estou muito cansado hoje, vou aproveitar e pedir uma comidinha para entregar em casa, via aplicativo". Sem problemas! Mas amanhã você pede de novo. Na sexta-feira, mais uma vez. E nos próximos vinte dias você teve essa mesma prática, pelo menos mais umas cinco vezes. "Acho que hoje vou pedir um táxi pelo aplicativo. Daqui até ali vai ficar baratinho" e isso se repete mais seis vezes no mês.

Isso tudo são gastos que você não sente hoje. Você não abre a carteira na hora, mas a conta chega em forma de fatura de cartão. Pegar um táxi hoje, pedir uma comida depois de um dia estressante, tudo isso faz parte. Trabalhamos por pequenos luxos, pequenos mimos. O que precisa ser revisto são os excessos. Talvez nesses excessos esteja sua reserva para o futuro. *Dinheiro é bicho solto, traiçoeiro! Se você der mole, ele está andando com outro(a).*

Hora da tarefa!

- Vamos olhar os pequenos contratos de assinaturas? Plataformas de *streaming* musical ou de vídeos? Será que você não está pagando e seu marido/sua esposa também não está pagando e com isso vocês não conseguiriam migrar para um plano família?

• Seu plano de celular está realmente te atendendo? Será que não seria possível uma redução de plano ou uma atualização nos valores?

• E aquele pacote da sua TV a cabo que você fez há cinco anos atrás e nunca mais checou? Será que já não existe um plano mais acessível? Já olhou os planos da concorrência? Será que em uma renegociação você não conseguiria um contrato mais acessível?

• Será que por falta de acompanhamento você não está deixando a sua conta negativa e utilizando seu limite de cheque especial, gerando tarifas desnecessárias, mesmo mantendo recursos aplicados no banco? Esses recursos poderiam ser resgatados para cobrir a conta. Será que cinco minutos do seu dia para dar uma olhadinha no seu extrato não ajudaria?

• Você sabe se está pagando anuidade de cartão de crédito? Muita gente paga e nem sabe. Você sabe que existem infinitas opções de cartões de crédito isentos de anuidade? É só pesquisar ou ligar para o seu gerente. Não dói. Antes de tudo, você precisaria rever essa questão da real necessidade de um cartão de crédito. Cartão de crédito, para quem não sabe usar, pode ser uma arma engatilhada para o seu orçamento doméstico. A não ser que você já esteja em um nível de controle "avançado" e consiga controlar os seus gastos por ele, conseguindo tirar algumas vantagens, como acúmulo de milhas, *cashback*, entre outros, ele deve ser usado mais para um uso emergencial do que como uma ferramenta de satisfação pessoal. Cuidado com os excessos. Eu não quero dar sermão e dizer que o cartão de crédito é algo ruim ou coisa parecida, mas se você não sabe usar, talvez não ter seja a melhor opção. Se tiver mais de um cartão, você tem uma armadilha da tentação dupla em mãos. Avalie a necessidade de ter dois ou três. Tenha no máximo um, e se puder, escondido no fundo da carteira para que os "desejos da vida" não lhe tentem.

- E aquele sistema de pagamento automático dos pedágios, que você fez no lançamento do produto há uns dois ou três anos e está pagando R$ 18,90 de mensalidade? Hoje existem outras opções de planos e de novas empresas que não cobram mensalidade. Não vale dar uma consultada? Se tem a opção de não pagar, por que pagar?

- Você precisa mesmo comprar aquela camiseta que tem, por exemplo, uma estampa de EU AMO PORTO SEGURO, ou precisa mesmo comprar aquele copinho na viagem para Buenos Aires, que vai para sua prateleira, depois para uma gaveta e depois vai virar tranqueira em alguma caixa, quando você tiver que se mudar? Isso se chama teoria do *souvenir*.

"Credo! Cara maluco! Reduzir R$ 18,90 por mês de pagamento automático de pedágio? Isso não vai mudar minha vida!". Se você tem esse pensamento, é porque, felizmente, e graças à sua fonte de renda, você já está em uma condição financeira tranquila e saudável. Dou-lhe parabéns e espero que assim continue eternamente, rasgando R$ 18,90 todo mês, feliz da vida. Mas falarei, nesta leitura agradável, que você verá no exercício abaixo, o que esses R$ 18,90, somados com outros pouquinhos, podem fazer na sua vida.

Vamos fazer um exercício simples para que você consiga visualizar que reduzir a vasão de algumas torneiras pode ser saudável para o seu planejamento financeiro.

Gastos por mês	**Valores atuais Formato "Tô de boa"**	**Novos valores Formato "O que eu quero TER quando crescer?"**	**Economia por ano (x12)**
Streamings (músicas, vídeos)	R$ 59,00	R$ 29,00	R$ 360,00
Plano de celular	R$ 299,00	R$ 149,00	R$ 1.800,00
TV a cabo + Internet	R$ 299,00	R$ 199,00	R$1.200,00
Anuidade do cartão (R$ 540,00/ano)	R$ 45,00	R$ -	R$ 540,00
Multas por cheque especial	R$ 17,00	R$ -	R$ 204,00
Pagamento automático de pedágios	R$ 18,90	R$ -	R$ 226,80
Souvenirs (R$ 300,00/ano)	R$ 25,00	R$ -	R$ 300,00
Total	**R$ 762,90**	**R$ 377,00**	**R$ 4.630,80** ⟵

Economia mensal de R$ 385,00

Economia anual de R$ 4.630,00

No exercício, eu quis fazer uma simulação com possibilidades de economias que você pode pensar em fazer, nada de outro mundo. Nem todos os exemplos serão compatíveis com a sua realidade e nem todos os serviços você conseguirá reduzir. Mas a ideia é despertar gatilhos de possibilidades de redução em seu orçamento.

A simulação se resume na soma das seguintes ações: com um gasto médio de R$ 59 de assinaturas de *streamings* (músicas, vídeos), reduzindo para planos em família, com novo valor de R$ 29 por mês; ajuste do plano de celular de R$ 299 para um novo plano de R$ 149 por mês; ajuste do pacote de TV a cabo + internet de R$ 299 para R$ 199 por mês; exclusão do gasto de anuidade de cartão de crédito no valor médio de 45 reais por mês; exclusão de qualquer custo de multa por utilização do cheque especial por mero descuido, com um gasto médio hipotético de R$ 17 por mês; exclusão do pagamento da mensalidade do sistema de pagamento automático de pedágios no valor de R$ 18,90 por mês; e exclusão de gastos com copinhos e camisetas de "Eu Amo algum lugar", com valor mensal hipotético de R$25. Com isso, a simulação resulta em uma economia mensal de R$ 385,90, o que representaria uma economia anual de R$ 4.630,80, quase 5 mil reais a mais no seu orçamento no ano. Seu dinheiro é seu!

É claro que se trata de um exemplo baseado em números que eu supus, mas vou te falar que foram números baseados na atualidade (maio/2020). Recentemente, ajudei um amigo com essa tarefa e os números economizados eram muito próximos. Conseguimos alguns ajustes cruciais para o orçamento dele, sem perder praticamente nada dos serviços, somente atualizando contratos. Não é o caso de eliminar serviços que agregam no seu dia a dia: estamos falando em rever aquilo que dá para melhorar.

Mas pode ser que quase 5 mil reais a mais no seu orçamento anual ainda não tenha te animado, então vamos levar a simulação para um horizonte maior de tempo.

Digamos que o seu filho nasça hoje, e com esse acontecimento maravilhoso em sua vida você chegou à conclusão de que deve ser prudente e começar desde já a juntar uma graninha mensal para o herdeiro e para conseguir custear suas despesas universitárias quando ele tiver por volta de seus dezoito anos de idade. Até aí, tudo certo. É uma iniciativa excelente da sua parte.

Se você conseguisse realizar essas reduções de custos da simulação e aplicasse todo mês esse valor eliminado do seu orçamento de R$ 385,90, obtendo um rendimento de 0,50% ao mês durante os dezoito anos, seu filho teria em sua maioridade um montante de R$ 148.351,94.

Agora, o mais surpreendente e surreal: se o seu filho, ao receber esse recurso, decidisse manter essa postura poupando os mesmos R$ 385,90 e aplicasse o mesmo valor, todo mês, a uma taxa de 0,50% de rendimento mensal, e resolvesse resgatar o recurso somente aos seus quarenta anos, ele sacaria nessa idade R$ 768.516,27.

Existem variáveis que são envolvidas em um cálculo como esse que não podem ser desprezadas, como a inflação do período que fará com que essa quantia, no futuro, não tenha o mesmo poder de compra que teria nos dias de hoje, e da taxa de retorno que irá variar ao longo dos anos, como na simulação anterior, na qual adotei a taxa de 0,50% ao mês. Se olharmos para o histórico de taxa de juros no Brasil, você e seu filho terão chances de obter um rendimento nominal até maior do que esse ao longo de todos esses anos.

Para um simples exemplo, dá para você ter uma ideia da importância da redução de gastos visando o futuro. Não é incrível? O que você consegue acumular, reduzindo meia dúzia de continhas bobas, que não irão mudar a sua vida em nada. É a grande mágica do pouquinho com pouquinho, aliada com os juros compostos, que dá esse resultado todo. Todo esse exercício mental é uma questão de mudança de *mindset*, de postura e da forma de avaliar suas finanças.

Pare e avalie: "Será que eu sou financeiramente saudável?". Com que frequência você dá uma parada na sua rotina insana para avaliar a sua situação financeira, para analisar seus gastos, suas receitas e seus objetivos futuros? Isso acaba não fazendo parte dos nossos hábitos, infelizmente. Mas se você se interessou em comprar este livro, é porque tem uma faísca acessa aí dentro de você, louca para ficar toda inflamada com o assunto, então aproveite esse momento e mude a sua história.

São pequenos exemplos de descuidos com nossos gastos que, se pararmos para avaliar, podem parecer pouca economia, mas um pouco aqui e um pouco ali em um horizonte de médio e longo prazo fazem toda diferença. "De grão em grão a galinha enche o papo": esse é um jargão antigo, mas que é excelente e fala por si só. Em um momento de desenho clichê, tentei achar uma imagem que expressasse essa ideia de forma mais inteligente:

"Ah, Marcelo Lebre, Marcelo Coelho, sei lá! Tudo isso é muito bonito, mas eu não consigo! Não quero ficar buscando onde reduzir gastos. É chato ligar nas empresas para ver se tem planos mais baratos. Já tentei e não consigo! É muito complicado."

Então deixa eu te contar uma história bem rapidinho (e talvez, se estivéssemos cara a cara, eu estivesse gritando com você nesse momento). Ou você diminui as despesas ou você aumenta a receita! Não existe um terceiro caminho! E se você não consegue aumentar as receitas, que não é algo fácil de alcançar, sim, você deve agora dar uma olhada nessas despesas para reduzi-las.

Se livre das tranqueiras, começando por não acumular mais tranqueiras! Viva mais leve!

Você tem alguém para chamar de seu?

E o ganhar, economizar e investir no relacionamento, dá para ser feito?

Eu sempre fui uma pessoa muito mais controlada financeiramente do que a minha esposa, por exemplo. No início do relacionamento, ela tinha um perfil típico de quem se esforça, com todas as forças possíveis, para gastar até o último centavo do salário do mês, e quando isso não era possível, era um sentimento de dever não cumprido. Já eu sempre fui meio paranoico, o louco da poupança, me esforçando para guardar 25% ou quem sabe até 30% do salário do mês, e, quando não conseguia, era o mesmo sentimento de frustração, de dever não cumprido. Ela comprava inúmeras roupas bacanas e fazia viagens interessantes; eu, por outro lado, saía com os meus amigos para uma lanchonete, por exemplo, e perguntava para o garçom se naquele local vendia Coca-Cola de dois litros, porque na divisão da conta sairia mais barato do que se todos tivessem tomado o refrigerante em latas. Ah! E sempre pedia o lanche sem a batata frita, porque era mais baratinho.

Encontrar o meio termo é encontrar algo entre a minha bitola de guardar tudo a todo custo e a bitola dela de gastar tudo. Existia um ponto no meio do caminho que nós, como casal, conseguimos encontrar juntos. Com diálogo, planejamento e, sobretudo, objetivos de longo prazo em comum, viajamos em nossos sonhos juntos e focamos nossas forças em um objetivo maior, que seriam desde possíveis viagens internacionais a passeios, passando por ideias de residir em outros países nos próximos anos, ou em um conforto nos estudos de um possível filho (que depois de alguns anos viríamos a ter) e, claro, em economias que nos dessem asas e que nos dessem poder de sermos quem quiséssemos e de um dia estarmos onde quiséssemos estar, vivendo o presente e pensando no amanhã.

Ela me fez descobrir que gastar uns R$ 5,00 a mais na batata frita do lanche seria bem agradável e prazeroso, e que ir em um restaurante relativamente bom que só vendesse Coca-Cola em lata não seria o fim do mundo. E eu consegui mostrar a ela que ela poderia continuar fazendo todas as coisas boas da vida, mas que sobrar algo na conta no final do mês não era o fim do mundo, e que, por meio de um elemento "mágico" chamado "juros compostos", que aliado ao tempo faria com que esse valor sobrando aplicado todo mês resultasse em vários pouquinhos que renderiam dinheiro graças ao rendimento de juros sobre juros. Uma completa loucura! O dinheiro renderia mais dinheiro! E ela curtiu a ideia.

É para esse ponto que eu queria chamar a atenção no seu planejamento financeiro, levando em consideração que você tem uma chance tremenda de passar por grande parte dos seus ciclos financeiros dividindo a vida com outra pessoa, alguém que você chamará de "amor" e que fará com que o seu planejamento pessoal se transforme em um planejamento financeiro familiar.

Eu conheço casais em que o marido não sabe quanto a mulher ganha e vice-versa, e o casal acaba transformando a vida financeira em um tabu. Eu não acho que seja um problema você não saber quanto seu amor ganha, mas na vida a dois existem divisões financeiras que precisam ser feitas, e é importante saber como cada um gasta os seus recursos e como se planeja. No "jogo do amor", é preciso seguir suavemente, e quando isso não flui, não existe planejamento financeiro em família, os planos não se conversam e os objetivos podem ficar mais distantes, se é que existem planos em comum.

Eu não quero bancar aqui o louco da psicologia de casais, mas já bancando, a realidade é que a falta de diálogo sobre dinheiro pode deixar muitos casais em apuros. Na verdade, a falta de diálogo em vários temas do casal, não só no financeiro, pode ser péssima para esse amor durar por um longo tempo. Esse pode ser um assunto de brigas, de dificuldades financeiras, pode até se tornar um momento para aquela "jogada na cara" do mais contido do casal, culpando o esbanjador por alguma conta não paga, pela conta corrente estar negativa. Enfim, pode trazer dificuldades com o planejamento de longo prazo dos estudos dos filhos, por exemplo, entre outros problemas. E tudo isso tende a estragar uma relação bonita e harmoniosa.

Tem um livro do Gustavo Cerbasi, *Casais inteligentes enriquecem juntos: Finanças para casais*, que fala muito bem sobre isso. O nome do livro já diz muito sobre o tema e a importância do diálogo entre casais sobre o planejamento financeiro em família.

"Ah, seu metido a escritor. Agora eu te peguei na curva! Que hipócrita! Fala que eu não devo comprar aquele copinho lindo de Buenos Aires, mas acrescentou a batata frita no lanche! Palmas para você!". É questão de prioridades e objetivos. Quando se tem objetivos, e eu acredito que a abertura de sua mente para um planejamento financeiro se inicia também quando você começa a sonhar e a criar planos de vida, você começa a priorizar pensando em um bem maior no futuro. Se você observar o exemplo da planilha, o único supérfluo que eu coloco é a redução de *souvenirs*. O restante são reduções de custos, principalmente de serviços, nos quais você pode encontrar brechas de cortes. E se só aí você já encontrou caminhos suficientes para encher o seu cofrinho aos poucos. Cada um vai achar a torneira que pode fechar.

Eu insiro o *souvenir* quase que metaforicamente como algo a ser eliminado, como um *insight*, um *click* para sua mente. Que toda vez que você pense em comprar algo desnecessário, que no futuro vai virar algo empoeirado e esquecido, ou em alguma caixa, que venha na sua mente: "Mesmo me dando um prazer imediato, sinto que essa coisa vai virar um *souvenir* na minha planilha de reduções. Será que eu preciso?".

Encontre o *souvenir* que você acredita que não seja importante e que o gasto não seja necessário. Chamo de "teoria do *souvenir*". Acabei de criar.

Acrescente a batata no seu lanche, mas esvazie as caixas de uma futura mudança.

Consegue sentir a diferença? A inutilidade do *souvenir* pode abrir espaço para você colocar a batata frita no seu lanche, ação que, somada a algumas reduções de serviços, fará com que você consiga pagar a faculdade do seu filho daqui a dezoito anos com mais facilidade.

Eu tenho um perfil de investidor?

Eu vou citar algumas vezes durante esta leitura sobre a importância dos investimentos que você irá escolher para a sua carteira estar coerente com o seu perfil de investidor.

"Mas que perfil de investidor é esse? Como sei qual é o meu perfil de investidor e por que ele é tão importante assim? Tem a ver com meu perfil no Facebook?" Conhecer o seu perfil de investidor é fundamental para que você invista de forma consciente e inteligente, e te trará mais confiança com os investimentos escolhidos. Já adianto que ele ditará o ritmo da sua carteira.

O que determina qual é o seu perfil de investidor é a forma como você reage às perdas que o mercado pode te causar, como irá acompanhar diariamente a volatilidade dos seus produtos e como irá lidar com isso. Quando você descobre isso e passa a investir de uma forma fiel ao risco que você suporta, tem menos chances de errar ao escolher os seus investimentos. E quando você tem menos chances de errar na escolha desses produtos, você ganha eficiência e consequentemente ganha mais dinheiro! O jogo aqui não é só sobre ganhar, é sobre entender e gerenciar os riscos e ganhar de forma saudável e adequada aos seus desejos.

Imagine a seguinte situação (e se você já se deparou com isso, melhor ainda): você está fazendo uma viagem, turistando. Vamos enriquecer o *case* colocando um país exótico asiático, por exemplo, do qual, até o presente momento, você não conhece muito sobre os costumes e gostos. Você, no seu primeiro passeio, entra no primeiro restaurante que passa pela frente, sem ter recomendação alguma. Ao pedir o cardápio, se depara com pratos totalmente desconhecidos por você. Nessa situação, você desconhece o seu paladar para aquilo que está por vir. Nesse cenário, a chance de você realizar uma escolha ruim e se arrepender é grande, pois você está lidando com o desconhecido. O novo sempre fará parte do seu dia a dia, e será experimentando que você terá certeza se aquele prato agrada ao seu paladar ou não. Se tiver a possibilidade de escolher porções pequenas, será melhor e menos desastroso. Agora, se você sabe que já é alérgico a certos ingredientes, não vamos inventar moda.

Trazendo isso para o nosso mundo de investimentos, é assim que funciona. Quando os investimentos são desconhecidos, a chance de errar é maior. Conhecer o seu perfil de investidor e até onde você aguenta assumir os riscos é fundamental e te ajudará a saber quais investimentos você quer provar ou não. Por meio de um questionário é possível identificar o seu perfil de investidor, o *suitability*. Ele te dará um direcionamento do quanto você está propenso a assumir de risco.

De acordo com a Instrução CVM 539, todos os profissionais envolvidos com as áreas de investimentos têm o dever de oferecer produtos adequados ao perfil de risco e objetivos de investimentos de cada investidor. Ela estabelece que os profissionais devem adequar as suas recomendações dos produtos ao perfil *suitability* do cliente. O processo será um conjunto de perguntas que, ao serem respondidas, deverão ser suficientes para que a instituição financeira possa constatar se o produto é adequado aos objetivos do cliente, se a situação financeira do cliente é compatível com o produto ofertado e se o cliente tem conhecimento necessário para compreender os riscos daquele produto, além de analisar quanto tempo o investidor quer manter o recurso aplicado, as preferências de assumir risco ou não e as finalidades dos recursos, tudo isso para conseguir chegar o mais próximo possível do seu perfil de investidor e conseguir oferecer sugestões mais assertivas com o que você precisa.

Todas essas perguntas serão baseadas nas três pontas da pirâmide: liquidez, risco e retorno, das quais falaremos em um capítulo mais adiante. Por meio delas será possível identificar quais são os fatores mais sensíveis ou mais importantes no seu momento de vida. É importante ressaltar que essa ordem de prioridade resultará em um perfil de investidor que não necessariamente refletirá a sua vida financeira inteira, mas sim o seu momento de vida atual. O seu perfil de risco pode ser um hoje e outro daqui a dois anos, pois seus objetivos de vida mudam, então sua condição financeira também deve mudar ao longo da vida; acontecimentos podem surgir, fazendo com que você reavalie suas prioridades e faça com que o seu perfil se altere momentaneamente. Você pode ter um perfil mais agressivo hoje e receber a notícia de que um herdeiro está por vir e, com isso, seu apetite de risco pode mudar diante do novo cenário.

Enquanto juntava os meus rascunhos e os transformava neste livro, eu tinha acabado de completar 36 anos. Eu já tive momentos na minha vida de extremo conservadorismo, momentos sedentos por mais retorno, partindo "para as cabeças" na tomada de risco, e essa variação de perfil é normal e natural ao longo da sua trajetória financeira. Quando iniciei meu planejamento financeiro e a minha busca por guardar uns "trocados", lá pelos meus 25, 26 anos (mais ou menos em 2010), meu potencial de sobra era baixo. Estávamos passando por um cenário de taxa de juros mais alta do que hoje, próxima de 10% ao ano, o que significava dizer que a renda fixa no Brasil pagava por volta de 10% ao ano sem risco. Era um momento da minha vida em que eu não queria arriscar o pouco que eu tinha. Com o passar do tempo, meu acúmulo de reservas foi aumentando um pouco e o bolo foi crescendo. Não era uma grande quantia, mas já era alguma coisa, que foi tomando forma aos poucos. Nessa época, eu já trabalhava como *trader* no mercado de ações e já tinha algum conhecimento de produtos mais procurados. Com isso, comecei devagarinho assumindo um pouco mais de risco, visando rendimentos maiores. Alguns anos depois, quando eu já estava com uma carteira pessoal um pouco mais arrojada, dei um passo importante na minha vida ficando noivo, o que fez com que os meus planos de curto prazo mudassem completamente.

Chegando perto do dia do meu casamento, as expectativas de gastos foram ficando mais quentes e se tornando inevitáveis. Comprar apartamento, mobiliar apartamento, festa de casamento e tudo mais que quem já passou por isso sabe que não dá para evitar. Achei que naquele momento era conveniente e extremamente necessário reduzir os exageros e não colocar em risco aquele dinheirinho suado.

Perceberam que quando me deparei com uma situação de ter prazo para usar a minha poupança, eu preferi reduzir o risco? São ajustes táticos que você perceberá que terá que fazer em determinadas circunstâncias. Quando se tem prazo, faz sentido preservar a segurança do que arriscar o que tem em mãos.

O preenchimento do *suitability* irá te colocar em um dos três ou quatro perfis que a instituição financeira tem em sua classificação. Isso depende de cada casa; umas trabalham com três perfis, outras com quatro. Mas todas vão do mais conservador até o mais agressivo, e aqui vou falar sobre o conservador, o moderado e o agressivo.

No perfil mais conservador, fica claro que é aquele pelo qual você irá optar por ter mais segurança em seus investimentos e de acordo com princípio de mercado. Quanto menos risco você tiver, menor será o seu potencial de ganho e menor será o seu potencial de perda. O maior objetivo de um investidor conservador é preservar o seu patrimônio, e, como já citei acima, momentos clássicos da nossa vida financeira podem pedir isso.

No meu caso, no início do meu ciclo de tentar guardar dinheiro, adotei o conservadorismo na minha reserva. Eu preferi preservar o pouco que eu tinha naquele momento para que o pouco pudesse virar algo substancial sem que eu tivesse o risco de ele se evaporar, para que só depois, com algo maior, eu pudesse virar a chave na tomada de risco e buscar ganhos maiores, ganhando tração nos meus retornos.

A ideia é que, ao se aproximar da aposentadoria, no futuro, o conservadorismo também impere no meu portfólio – e isso se dá em ciclos, dos quais falarei no capítulo seguinte –, pois será a hora de desacelerar, reduzir os riscos e preservar as economias que eu juntei. Isso é uma regra? Não! Mas é o que o “manual do investidor” diz, e são diretrizes que podem ajudar nas tomadas de decisões. Como eu sempre falo para os meus clientes, não existe certo e errado, mas caminhos, e você precisa conhecê-los para decidir qual seguir, tomando decisões baseadas no seu perfil e no seu momento de vida.

Existem clientes que irão preferir investimentos conservadores, independentemente da idade e do momento de vida que estejam, porque esse é o seu perfil. E se esse cliente se sente confortável dessa forma, está tudo certo! Se eu, como planejador financeiro, conseguir mostrar para esse cliente as possibilidades, a variedade de produtos de acordo com o perfil dele, e ele estiver ciente dos caminhos possíveis e confortável com as suas decisões, eu posso me deitar com a cabeça tranquila no travesseiro e dormir sabendo que fiz o meu papel. O papel do gerente, do especialista de investimento e do planejador financeiro é atuar conforme o perfil do cliente e oferecer produtos adequados ao apetite de risco e objetivos de investimentos de cada investidor, que tem a decisão soberana de escolher por onde seguir.

Em suma, o perfil do conservador se resume a *pouco risco*, *menos poder de ganho* e *menos potencial de perda*. Para ilustrar um ditado clichê:

Quando passamos um degrau adiante na escala de perfis de risco, podemos nos deparar com nomenclaturas distintas para a próxima classe de investidor. Eu diria que ela fica entre o **moderado** e um arrojado leve.

O perfil moderado é composto por aquele cliente conservador que já pensa em avaliar novas aventuras – eu chamo de "perfil dos mais curiosos". É o cliente conservador, que aceita testar um pouquinho, ouvir mais sobre os produtos diferenciados e que consequentemente vai exigir também um rendimento um pouco melhor do que uma carteira extremamente conservadora.

Esse perfil cresceu muito do ano de 2018 para cá por conta das quedas recentes na taxa de juros do

Brasil.[1] Até o final de 2016, nós tínhamos uma taxa de juros no Brasil de 14,25%. No ano de 2017 começamos uma escalada de queda brutal, se é que esse termo existe, e em fevereiro de 2018 já estávamos com uma taxa de juros de 6,75% ao ano.

E o que isso significa? Significa que se você deixasse o seu recurso aplicado em renda fixa, por volta de 2016 você teria um rendimento nominal (anterior a taxas e impostos) próximo de 14% ao ano, sem a necessidade de assumir riscos. Quando a taxa de juros no Brasil despenca para 6,75% ao ano, se você tivesse seus recursos aplicados em produtos de renda fixa, os seus investimentos passariam a render menos que a metade do que se podia ganhar no ano anterior. Uma mudança brusca de cenário.

Foi nesse período que a busca por produtos diferenciados que pudessem aumentar o potencial de ganho da carteira passou a ganhar força com os clientes. Os assessores de investimentos passaram a ter muito mais trabalho para garimpar as grades de produtos, para tentar tranquilizar os clientes que ficavam cada vez mais indignados com as quedas nas rentabilidades de suas carteiras a cada novo corte na taxa Selic.

Nesse cenário, começaram a se sobressair mais nos *suitabilities* aqueles clientes que até então não

---

1 Lembrando que estou escrevendo este livro no período de quarentena de maio de 2020.

precisavam assumir riscos e cujo conservadorismo lhes convinha. Por outro lado, agora se tornavam curiosos por alternativas e percebiam que estavam se tornando clientes moderados.

Nesse perfil, você aplicará a maior parte dos recursos em renda fixa, mas começará a mesclar uma parte dessa parcela conservadora com produtos que irão assumir riscos em busca de retornos maiores. Você começará, ainda que pouco, a abrir mão de liquidez e de segurança, mas potencializará parte do seu capital visando o médio e o longo prazo, já que os produtos com essas características pedem prazos maiores para avaliação de retorno. Em suma, o perfil do investidor moderado se resume a *nem tudo no conservador, nem tudo no risco: há um equilíbrio entre ganhos e riscos.*

Por fim, o perfil agressivo é bastante tolerante a risco. Esse é geralmente um perfil de clientes que já possuem uma bagagem de mercado e entendem melhor o dinamismo e as características dos produtos com essas características. É o aspecto de clientes que sabem que seus investimentos não só podem como irão oscilar no curto prazo, mas como têm um foco de longo prazo, são mais compreensíveis com os possíveis movimentos. Ser agressivo não significa alocar 100% do seu capital em produtos com essas características, mas, pelo menos, grande parte dele.

Nesse perfil, você não pode se abalar com oscilações de curto prazo: seu horizonte de tempo tem de ser maior. Você está renunciando ao conservadorismo e muitas vezes também ao tempo por estar assumindo produtos que pedem prazos mais longos para resgate em troca de possibilidades de retornos maiores. Então ficar desconfortável se um fundo não foi tão bem em um determinado mês não faz sentido para um investidor agressivo, pois o acompanhamento deve ser feito para períodos maiores.

Você precisará estipular um prazo mais longo para analisar os seus produtos com mais risco de pelo menos 18 a 24 meses. Você precisará olhar no retrovisor dos seus investimentos e analisar se o rendimento fez sentido pelo risco assumido ou não e analisar se ele te entregou retornos maiores do que você teria na renda fixa, por exemplo. Com isso, tendo ciência de que no meio do caminho os produtos puderam ter tido alguns percalços, você sentirá que valeu a pena no acumulado final.

Tendo essa visão de longo prazo, o investidor agressivo consegue mirar ganhos maiores sem se preocupar com as oscilações momentâneas, e tudo está relacionado a um conhecimento e experiência maiores em relação aos produtos de mercado. Se você se desespera com a primeira queda, esse não é o seu perfil.

Ousadia e alegria
Tolera riscos em busca de recompensas? Tu és agressivo.

Se você preencheu o formulário *suitability* e, por algum motivo, nas respostas ele te identificou como agressivo e você não se identifica como um investidor agressivo, não se preocupe: você não precisa necessariamente montar uma carteira agressiva e focar somente em produtos com essas características. Não se trata de uma obrigação, mas de um direcionamento para você e para sua instituição. Tem investidor que vai ser agressivo por natureza, mas tem investidor que vai ter que ir devagar, experimentando um pouco disso, um pouco daquilo em porções menores, pois assim conseguirá ter mais certeza de que os pratos exóticos serão do seu agrado. Você que sabe onde o calo aperta e onde a porca torce o rabo.

Além de ser uma exigência regulatória, é saudável que de tempos em tempos você se force a responder novamente o questionário para acompanhar o seu atual apetite ao risco. Vale reforçar de novo, e eu sei que sou repetitivo, que o perfil de investidor vai depender muito do seu atual momento de vida, podendo mudar ao longo do tempo, e as buscas por mais retornos podem aumentar ou reduzir, dependendo do ciclo financeiro e do momento de vida. Você pode ser conservador, momentaneamente se tornar moderado, curioso por produtos diferentes e amanhã pode estar em uma condição que te garanta assumir mais riscos e tomar posturas mais arrojadas. E por aí vai.

Abra uma conta na instituição que te atenda da melhor forma, preencha o perfil, converse com o "garçom" e avalie o "menu".

CONSERVADOR	MODERADO	AGRESSIVO
Prioriza segurança em seus investimentos, mesmo que isso signifique ter um potencial menor de ganho	Segurança é importante, mas investe uma pequena parte dos seus recursos em investimentos de mais risco, buscando retornos maiores	Olha os investimentos como uma oportunidade de multiplicar seu patrimônio e está disposto a correr mais riscos em busca de ganhos maiores

Conheça os ciclos da vida financeira

Um pouco de noção de finanças, elaboração de objetivos de investimentos e, principalmente, vontade para iniciar um planejamento financeiro são mecanismos importantes para você começar a poupar e investir recursos visando sua aposentadoria.

Comecei falando sobre a importância de se programar para ter um sossego maior no futuro, de que tudo começa pela sua capacidade de poupar, e sobre dicas de como ter sobras para isso. Agora vou passar pelos ciclos da vida financeira.

A vida é feita de ciclos e eles fazem parte dela. E no nosso mundo financeiro não é diferente. Normalmente, até os seus dezoito, dezenove ou vinte anos, as suas necessidades financeiras são pagas pelos seus pais ou responsáveis. Daí em diante você começa a andar mais com as suas próprias pernas e o seu ciclo financeiro se inicia. Vamos falar um pouco mais sobre as etapas do seu ciclo financeiro e entender em qual você está.

É importante avisar com antecedência, contudo, que a idade que cada um irá enfrentar as devidas etapas pode variar e é relativa. Vai depender muito das escolhas e da capacidade de geração de renda de cada indivíduo.

O importante aqui é tentar saber em que fase se está para que isso ajude nas suas tomadas de decisões.

Fase de acumulação

Na minha humilde opinião, essa é a parte do nosso ciclo financeiro mais importante, na qual nasce o planejamento financeiro. É o pontapé inicial de uma vida longa de seu ciclo financeiro, em que sua base se inicia e a semente será plantada. As outras duas fases são consequências e se derivam da fase de acumulação.

Pesquisas mostram que 57% da população brasileira não faz nenhum tipo de economia na sua fase produtiva.[1] Raciocine comigo: a renda de 57% da população irá zerar depois da aposentadoria, deixando esse alto percentual da população exclusivamente dependente dos benefícios do INSS (isso caso a pessoa tenha feito suas contribuições). É muita coisa. Apesar de ser só um dado, é preciso ter atenção e avaliar com carinho quão importante é pensar em depender menos da previdência social e focar mais na segurança do seu futuro.

Se você não começar o seu planejamento financeiro, você será mais um no meio desses 57% da população sabotando o próprio futuro, e não conseguirá as reservas necessárias para a sua qualidade de vida.

---

1 "57% da população brasileira não se prepara para a aposentadoria, mostra SPC Brasil". *SPC Brasil*. Disponível em: https://www.spcbrasil.org.br/uploads/st_imprensa/ed._financeira_aposentadoria_release.pdf. Acesso em: 27 jan. 2022.

Essa fase de acumulação geralmente se inicia por volta dos vinte anos, uma fase em que você inicia sua vida profissional e inicia sua geração de renda. Mesmo com a teoria de que quanto mais perto você está dos vinte anos de idade menor é a sua geração de renda, nessa fase é muito importante o início do seu planejamento financeiro pessoal, mesmo com esses desafios. Como ressaltei no capítulo anterior, eu comecei a minha fase de acumulação cheio de medos e preferi ser mais conservador até que eu conseguisse acumular uma quantia um pouco maior para conseguir diversificar um pouco com segurança. Mas não vejo as pessoas se colocando regras. Na verdade, o que percebo são jovens hoje em dia que começam com o pé fundo no acelerador, o que pode apressar o processo. Esteja ciente dos riscos.

É uma fase importante na tomada de decisões fundamentais, influenciando nas suas finanças, na sua carreira, se deve ter um carro ou não, se deve sair da casa dos pais ou não, se planeja estudar fora ou não. Tudo isso será levado em consideração e poderá fazer diferença na sua construção de patrimônio.

Antes de começar a investir, você deve entender porque os recursos estão sendo poupados e qual o seu objetivo e tempo disponíveis para esse investimento. Defina os seus objetivos de curto, médio e longo prazo, lembrando que o longo prazo está relacionado ao acúmulo de dinheiro para a independência financeira.

Objetivos de curto prazo – até doze meses para serem concretizados

- Viagem de férias;
- Cirurgia estética;
- Reforma da casa;
- Pagamento de alguma parcela semestral de compra de imóvel.

Objetivos de médio prazo – de um a dez anos para serem concretizados

- Pós-graduação;
- Intercâmbio para o exterior;
- Entrada na compra de um imóvel;
- Compra do primeiro carro.

Objetivos de longo prazo – acima de dez anos

- Recursos para sua aposentadoria daqui a vinte anos;
- Poupança para custear os estudos do seu filho que acabou de nascer.

No capítulo “Mão na massa” falarei sobre quais são os produtos adequados para cada objetivo. Horizonte de tempo é um dos fatores decisivos na escolha de um produto.

Nós, brasileiros, temos a cultura de viver o presente sem desistir de gastar tudo agora, e, se der, de gastar também um pouco do que não tem, se endividando loucamente, como se o futuro nunca fosse chegar.

Precisamos mudar isso, criando uma educação financeira logo na adolescência, entendendo que essas etapas do ciclo financeiro são importantes e que esse pontapé inicial é fundamental.

Eu concordo que o início pode ser um pouco duro e até chato, e que em determinados momentos desse percurso inicial você pode ter momentos de reflexão e passe a não acreditar que guardar 5% ou 10% da sua renda mensal possa resultar em algo relevante lá na frente. Mas, com o passar do tempo, o fermento começa a fazer efeito e você começa a se animar com o crescimento do "bolo". Foi assim com a minha esposa. Você vai começar a tomar gosto pela construção de patrimônio e isso te trará cada vez mais consciência financeira e consciência de seu planejamento de longo prazo.

Nessa fase, temos mais tempo disponível, somos mais produtivos e atingimos uma capacidade maior de construção de patrimônio. Nela, é importante buscar conhecimento a respeito de como poupar e fazer o seu dinheiro trabalhar para você. É importante adquirir consciência financeira para evitar desperdício e poupar o máximo possível. Se você acha que ganha pouco, procure meios para aumentar sua renda.

Construa uma fonte de renda, equilibre suas finanças, controle o impulso de compra, identifique objetivos de curto, médio e longo prazo e comece a poupar para construir um patrimônio que te gere renda.

Colocar o objetivo mensal de priorizar um percentual do seu salário é primordial.

Ao se aproximar dos trinta anos, você começa a entrar em um estágio de aceleração profissional com aumentos e promoções e terá mais facilidade com o crescimento pessoal e a construção de patrimônio, então a acumulação tende a se tornar mais tranquila.

Você pode fazer uma viagem bacana daqui a um ano, se endividando todo, ou, quem sabe, você pode esperar e viajar lá na frente, todo ano! Disciplina de formar poupança. Visão de longo prazo.

Rentabilizar

Somente poupar pode não ser o suficiente para garantir um futuro mais tranquilo, então saber investir o recurso poupado e fazer seu patrimônio crescer é tão importante quanto não gastar. O seu dinheiro precisa trabalhar para você e você precisa descobrir a melhor forma para isso. Nesse estágio, aumenta-se a importância de gastar um pouco mais de tempo para estudar sobre as possibilidades de se investir, de buscar ganhos maiores, se o seu perfil de investidor permitir, assumindo um pouco mais de risco em busca de ganhos maiores.

Fala-se que essa fase se dá entre os trinta e cinquenta anos, outros falam que a fase de rentabilizar se dá após os quarenta anos. Eu, honestamente, acho que não existe uma receita de bolo e prazos certos para isso, pois os indivíduos são diferentes, com momentos de vida diferentes e gerações de renda diferentes. O processo de aumento patrimonial deve ser perseguido, não importando o quão tarde se começa.

Como disse, vejo muitos jovens iniciando suas poupanças investindo de forma agressiva buscando potencializar ao máximo seus retornos desde o início. Está errado? Se está de acordo com o perfil de investimento daquele investidor, está certo! Está tudo bem! Se você já tem um perfil de investidor mais conservador e prefere seguir assim, independente da fase do ciclo financeiro que esteja, tudo bem também! Não existe certo ou errado aqui. Existem perfis diferentes, momentos diferentes de vida e gerações de renda diferentes. O importante, e o que eu quero sempre transmitir, é que vale a pena você saber que existem possibilidades de rentabilizar seu patrimônio. Se você consegue entender que existem outras possibilidades de investimentos e que buscar diversificação e rentabilização faz mais sentido nesse momento de sua vida – mesmo que você tenha percebido que o seu perfil não tem apetite a risco e que ficaria desconfortável vendo o seu capital oscilar –, não tem problema seguir com o seu perfil de investimentos. A sua decisão é soberana e você precisa estar confortável com os seus investimentos, mas, de novo, é importante saber da existência de outras opções.

Eu bato bastante nessa tecla de se abrir para novas opções de investimentos, porque a fase de rentabilizar sua posição passará muito por conhecer novas opções de investimentos, e grande parte delas serão opções mais interessantes.

Identifique o seu perfil de investidor, entenda as classes disponíveis de investimentos, as diferenças de possibilidades de retornos, e busque montar um portfólio diversificado com classes diferentes. Leve em consideração na montagem de um portfólio a sua necessidade por liquidez. Os investimentos mais líquidos são sempre os com menor rendimento, então identifique um percentual saudável para essa classe. Leve em consideração o quanto você está disposto a assumir de risco: os produtos mais arriscados são os com maior potencial de retorno, e se for o caso, inicie com uma carteira mais moderada e aos poucos vá incluindo um pouco mais de "pimenta"; se os seus objetivos são todos de longo prazo, seu portfólio te permitirá incluir mais esse tipo de ativo. Tenha um acompanhamento próximo, pois o mercado é dinâmico e o cenário pode ter variações. Com disciplina, acompanhamento e estudo você conseguirá identificar momentos de possíveis ajustes em seu portfólio. Além disso, rentabilidade, prazos e riscos são fatores que devem ficar no seu radar para uma carteira consciente seguindo o seu perfil.

Ressalto que nessa fase o importante é rentabilizar e fazer com que seus recursos ganhem tração nos retornos, e para isso acontecer, alocar parte de seus investimentos em produtos que busquem turbinar seus retornos faz todo sentido. É possível assumir mais riscos em investimentos de médio e longo prazo.

Preservar

Após os cinquenta anos, o conselho é começar a desacelerar a tomada de riscos em prol da manutenção dos investimentos, visando atingir o momento depois dos 65 anos sem grandes surpresas de perda do capital acumulado ao longo da vida. De novo: não existe uma receita correta. Eu atendi clientes ao longo da minha carreira que aceitaram a exposição a riscos em busca de retornos maiores por todos os seus anos de vida, cientes dos riscos que aquilo poderia ocasionar, mas seguindo o seu perfil de investidor.

As duas fases anteriores serviram para que que você prepare e molde sua realidade financeira para chegar nessa fase com o máximo de qualidade. Essa fase pode coincidir com a sua aposentadoria ou independência financeira, mas isso só vai acontecer se você conseguiu se planejar e se preparar bem para atingir esse momento com mais tranquilidade. Se você pretende se planejar ao longo da vida para deixar os recursos como herança para os seus filhos, tudo certo. Por outro lado, se o seu objetivo for poupar para garantir a tranquilidade financeira no futuro e, ao chegar lá, independente da idade em que isso aconteça, você queira gastar tudo e curtir a vida intensamente, tudo certo também. Ou se a ideia for realmente poupar ao longo da vida para garantir uma segurança na aposentadoria para enfrentar os momentos de adversidade que possam surgir, assim como possíveis aumentos de custos com saúde, por exemplo, ótimo plano também! O objetivo de cada um não importa. O que importa é que você se preparou e se planejou para chegar nessa fase, podendo concretizá-la.

Eu me adiantei anteriormente ao alertar que na fase dos cinquenta anos devemos começar a nos preocupar com as reduções de risco. Mesmo sem ter uma idade certa para isso, após a acumulação de patrimônio, na faixas dos 65 anos, esse ponto ganha mais importância. Temos que nos preocupar ainda mais com a manutenção do patrimônio adquirido ao longo da vida e isso implica, sim, na redução de investimentos mais arriscados e na redução de investimentos que demandam um tempo maior de maturação. Vale a avaliação da sua carteira para possíveis alterações para um perfil com menos emoções, prezando mais pelo conservadorismo.

Nessa etapa, estamos mais preocupados em manter o que temos e não correr riscos do que nos expor às adversidades e colocarmos o patrimônio a perder. Os ciclos se resumem em começar a fase de acumulação de patrimônio, depois partir para a rentabilização e, podendo assumir mais riscos, chegar na fase de desacelerar para preservar o acumulado.

Risco, liquidez e rentabilidade. Qual o seu ponto de equilíbrio?

Teorias e conceitos são bonitos e agradáveis, mas e na prática? "Esse Coelho fala demais. Deu muitas lições de moral, mas não fala o que eu faço com meu dinheiro. Como decido onde aplicar meu 'tesouro', Coelho?" Vamos entrar nos capítulos finais, nos quais irei priorizar o que interessa para que você entenda os pontos importantes a se avaliar em uma alocação de carteira e cheguemos nos tipos de produtos e na alocação em si.

A maioria dos investidores acabam iniciando uma busca por informações de investimentos e cobram seus gerentes por mais rentabilidade, perguntam sobre possibilidades com seus especialistas de investimentos, colhem *calls* dos amigos do futebol e que atitude tomam? "Ah, Marcelo, aplica na poupança mesmo esse recurso que está parado na conta. Depois eu vejo o que eu faço."

O cliente trava na escolha. O receio de escolher o investimento errado, e às vezes até o excesso de informação, acaba o atrapalhando na tomada de decisão. Como consequência, ele acaba prezando pelo mais fácil e cômodo, pela escolha que pensa que não resultará em erro.

Mas a poupança é realmente um investimento ruim? O cliente escolhe a poupança pela segurança que o produto lhe traz e pelo fato de ser um produto isento de imposto de renda, o que são pontos importantes. Mas, por outro lado, você consegue, sim, opções tão seguras quanto, e independentemente de serem isentas de imposto de renda ou não, são opções que no final te trarão retornos superiores aos da poupança. Irei falar em produtos mais adiante.

De certa forma, falar se um produto é ruim ou não é algo complicado de afirmar. Um produto pode ser ruim para um tipo de investidor, mas interessante para outro. Depende do seu momento de vida, das taxas vigentes no momento da aplicação, do seu horizonte de tempo. Cada produto tem o seu momento, o seu perfil e o seu horizonte de tempo. Um produto pode ser bom para você hoje, mas pode ser que não faça mais sentido mantê-lo na carteira daqui a dois anos. São muitas as variáveis que se ajustam, e você precisará acompanhá-las.

"Qual é o melhor investimento no momento? Quando e como conseguirei dobrar meu capital?" Você precisará entender os aspectos envolvidos nessa decisão de onde alocar os seus recursos, entender como será o caminho, entender que as escolhas dos produtos serão baseadas em razão dos seus objetivos e relacionadas à sua propensão a riscos, assim como irão depender do seu momento de vida.

É claro que todos nós queremos dobrar o capital ou nos tornarmos ricos o mais rápido possível, mas você precisará administrar a sua ansiedade. Não funciona dessa forma. A melhor forma de se trabalhar com o seu dinheiro é tendo um planejamento de longo prazo, e o resultado dessa jornada só será conhecido posteriormente, após muito planejamento e dedicação de sua parte.

Vamos entender o conceito das três pontas que serão primordiais na sua avaliação de investimentos. Elas te darão um norte na tomada de decisão sem que você precise apelar para o comodismo de simplesmente aplicar na poupança.

Quando analisamos os tipos de investimentos, sempre devemos seguir o famoso triângulo de investimento – alguns chamam de tripé, mas eu optei por chamar de triângulo – composto pelos três fatores de análise de investimentos: potencial de risco, liquidez do ativo e rentabilidade esperada.

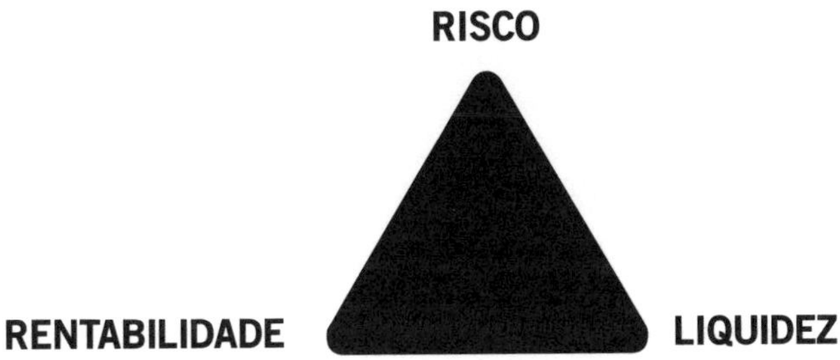

Nem sempre o investimento maravilhoso que seu amigo comentou no churrasco do domingo passado será maravilhoso para você. O que existe são investimentos apropriados para o perfil e para o objetivo estabelecido pelo seu amigo, e o mesmo se aplica a você: dependerá do seu perfil e dos seus objetivos.

Para todo investimento que escolher, você terá que renunciar a alguma coisa, como renunciar à liquidez, ou à busca por ganhos maiores, ou, ainda, renunciar ao conservadorismo. Infelizmente eu preciso te dizer que investimento com alto retorno, com alta liquidez e sem risco não existe. Se você quiser ganhar mais do que os produtos de renda fixa te pagam, você precisará assumir um determinado nível de risco, renunciando à segurança e, na maioria das vezes, à liquidez. Se os seus objetivos demandam liquidez e segurança, você terá que desistir de buscar retornos maiores e montar uma posição mais conservadora, visando esses dois elementos. E por aí vai.

Vamos entender, então, o que são o risco, a liquidez e o retorno.

Risco

No mundo dos investimentos, risco é a chance de você não ganhar aquilo que você esperava naquele momento ou aquilo que você contratou naquela aplicação, ou podemos dizer que é a chance de perder aquilo que você se dispôs a investir, tendo não somente o risco de não ganhar, mas de perder o que foi aplicado. Colocado sempre no topo da pirâmide de investimentos, não é à toa que o risco fica em destaque. Porém, muitas vezes pode ser ignorado na composição de carteira e subestimado pela maioria dos investidores.

Ele deve ser entendido e "comprado" no ato da aplicação. Comprar risco é um ponto que você precisa estar seriamente ciente das consequências. Tem pessoas, por exemplo, que gostam de pimenta na comida, pois ela dá um diferencial no prato; por outro lado, tem outras que não gostam de pimenta ou não se adaptam a ela, ou mesmo que gostam, mas exageram. Você precisa saber qual é o seu paladar e se está na hora de colocar pimenta na sua carteira ou não.

Você pode estar se perguntando: "Por que correr risco?". A decisão de escolher correr mais ou menos risco na carteira está atrelada ao potencial de retorno dela. Se você quer ganhar mais, você precisa adicionar risco à sua carteira em busca de ganhos maiores. Se sua comida está "sem tempero", sem graça, e isso te incomoda, você coloca tempero nela para trazer um algo a mais. Esse é o risco.

Existem três tipos de riscos inerentes aos investimentos:

Risco de mercado: o risco de mercado é basicamente medido pela oscilação dos preços dos ativos e pode ser chamado de volatilidade. Isso significa que, quanto maior for a variação, maior será o risco! O exemplo mais comum é do mercado de ações, conhecido pela alta oscilação no preço dos ativos. Esse é o risco mais comum de se correr ao investir quando adquirimos ativos mais voláteis em busca de ganhos maiores.

Risco de liquidez: é o risco de você ter que se desfazer dos seus investimentos em um momento ruim e com preço abaixo do que vale ou abaixo do que estava sendo negociado anteriormente por falta de procura.

Um bom exemplo para se demonstrar a falta de liquidez é o do mercado imobiliário. Como os negócios imobiliários são mais raros, até mais demorados, você terá que ter paciência para executar a venda de um imóvel por um preço que seja justo ao mercado. Se você precisar vender com rapidez, provavelmente terá que "queimar" o imóvel e vender com um preço inferior. Pela dificuldade de venda, o imóvel não é um ativo com alta liquidez.

"Ah, Marcelo, mas eu tinha um imóvel que vendi bem rápido." Provavelmente era um imóvel mais novo, com uma boa localização, em um ótimo bairro ou próximo ao metrô. Esses são itens atrativos que podem fazer com que a liquidez do seu imóvel aumente, mas não quer dizer que se trata de um ativo líquido.

Risco de crédito: o risco de crédito é a possibilidade de você não receber de volta seu valor aplicado, porque o emissor daquele título ou a contraparte da sua aplicação não teve como te pagar. "Crédito" é definido como sinônimo de "bom nome, boa reputação e confiabilidade". Levando isso para as transações financeiras, podemos colocar o risco de crédito como a chance de alguém não quitar o que deve.

Liquidez

A liquidez de um investimento é a capacidade de transformar o seu capital investido em dinheiro e recursos disponíveis, e corresponde à facilidade e velocidade com que você transforma o que possui em caixa. A partir daí, deduzimos que, quanto mais rápida é a sua possibilidade de transformar um ativo em dinheiro, mais líquido ele será. Um ativo com pouca liquidez, por outro lado, é difícil de transformar em lucro devido à falta de compradores ou à falta de tempo necessário para liquidar esse investimento.

Além do fator "facilidade" de se negociar determinado ativo, outro fator muito importante relacionado à liquidez é a perda de valor. Ativos com menos chances de negociação podem tem mais chances de serem negociados por valores menos justos. Muitas vezes, nesse caso, você precisa "desovar" o ativo por um valor abaixo do que você imaginava ser um valor honesto devido à falta de ofertas que terá. Já o ativo de boa liquidez é aquele que tem maior procura, mesmo com o valor justo de mercado. Em outras palavras, você se "desfaz" dele com facilidade.

Alguns investimentos não possuem liquidez rápida não por falta de compradores, mas pelas próprias características do produto, que acabam levando a prazos maiores para dar retorno financeiro quando, na verdade, você precisa se desfazer do produto o mais rápido possível.

A indústria de fundos de investimentos, por exemplo, dependendo da classificação do fundo, conta com produtos com prazos maiores de resgates. É o caso dos fundos que precisam ser resgatados, mas demoram de vinte a sessenta dias para que o valor entre na sua conta. É uma característica muito importante de se conhecer no ato da contratação do produto, então não podemos considerar esse tipo de fundo como um fundo de liquidez, porque você não poderá contar com esse recurso em um momento de extrema urgência, por exemplo.

Produtos de renda fixa como CDBs, Debêntures e LCIs, por exemplo, também podem apresentar vencimentos longos, sem a possibilidade de resgate antes do período estipulado. Também são produtos nos quais você precisa pensar bem no prazo de resgate antes da aplicação.

Como ressaltei no "risco de liquidez", os imóveis são um exemplo clássico de ativo sem liquidez. Um Tesouro

Selic ou Fundos DI, por exemplo, são, em contrapartida, ativos com alta liquidez. Por isso, a parcela de liquidez é vital para a sua carteira. É até normal uma pessoa dizer que não irá precisar do recurso em um ou dois anos, e que não precisa ter produtos com liquidez de curto prazo. Mas nossa vida nunca é exata, e nunca sabemos quando um problema de saúde pode acontecer ou quando uma oportunidade de negócio pode surgir e te deixar de mãos atadas por não ter de onde tirar dinheiro. O seguro "morreu de velho".

No capítulo "Mão na massa" darei destaque a todos esses produtos citados acima, assim como abordarei a diversificação e a importância da reserva de liquidez para uma carteira organizada.

Agilidade de converter algo em grana, sem perda significativa = Liquidez!

Retorno

Como você já deve imaginar, retorno nada mais é do que a rentabilidade que um determinado investimento irá te proporcionar (ou que poderá te proporcionar) ao longo de um determinado período.

O retorno de um produto vai depender das outras duas pontas do triângulo. Juntas, as três pontas devem andar juntas. Entretanto, para buscar um percentual maior de retorno, você precisará renunciar a alguma outra ponta, seja à segurança e/ou à liquidez. Imaginando o triângulo de investimentos, pense que, para que você esteja mais próximo da ponta do retorno, você estará sempre se distanciando das demais. Essa é a ideia.

Das três pontas da pirâmide, com certeza o retorno é o mais atraente para você (até para mim) e será aquele que irá despertar mais interesse de se entender o funcionamento. Mas você não deve se deixar levar somente por esse sentimento e pelos desejos obscuros que rondam a busca por rentabilidade; é preciso tomar alguns cuidados.

Trago dois exemplos de situações para as quais você deve se atentar ao tentar buscar somente o retorno: existe uma tendência natural de esperarmos que a rentabilidade passada de um investimento irá se repetir no futuro. Se você já se deparou com uma bela lâmina de um fundo com bons rendimentos, e pensou em comemorar por ter escolhido esse fundo, saiba que essa atitude, apesar de comum, é um erro grave.

E se eu te falar que esse fundo era um fundo de ações e que no mês seguinte ele teve uma queda de 10%? E que você aplicou nele se baseando em números passados e não sabia do risco? Não devemos nos basear em um produto acreditando simplesmente que ele replicará os retornos do passado. O contrário também é verdadeiro: não se pode deixar de aplicar em um fundo por ele estar com um histórico recente ruim, acreditando que aquele fundo não tem potencial e que continuará performando mal. É preciso saber o direcionamento do fundo, quais suas expectativas futuras, seus riscos e no que se deve aplicar.

Rentabilidade passada não é garantia de rentabilidade futura

Esse é um assunto que frequentemente surge em churrascos entre amigos, por exemplo. Sempre tem um dos seus amigos que está "estourando" de ganhar em um fundo maravilhoso ou em uma ação espetacular que foi recomendada. Você, louco pra fazer seu dinheirinho render, anota tudo no guardanapo, chega em casa e aplica igual. Erro! Se está ganhando muito, tem risco! Você suporta as oscilações de mercado que seu amigo suporta? O seu calo aperta igual ao calo dele? Muito provavelmente não! Então cuidado com os *calls* aleatórios.

RISCOS X RETORNO

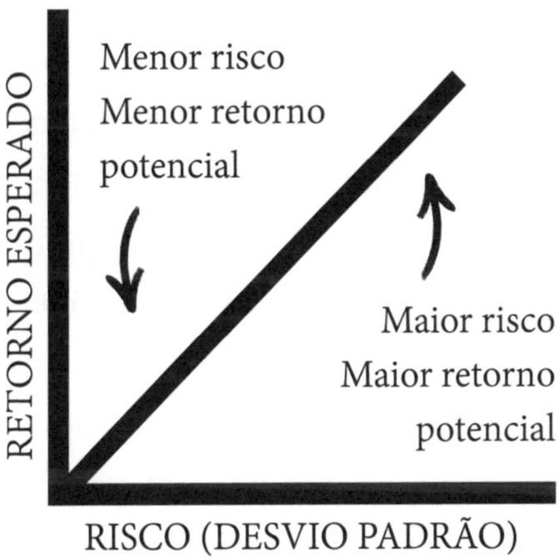

Agora imagine outra situação semelhante: "Eu vou aplicar nesse produto porque o retorno dele é excelente". Você entra no *site* da sua instituição financeira, abre o catálogo de fundos, aplica o filtro da rentabilidade maior para a menor e escolhe o primeiro. Dá uma analisada no que ele investe e chega à conclusão de que ele realmente tem potencial de te entregar retornos maiores, indo de encontro com o que você busca, e aplica nele. Porém, você não percebe que se trata de um produto que não te concede liquidez para resgates imediatos e que o fundo trabalha com um prazo de sessenta dias para calcular o valor da sua cota de resgate e creditar o valor em sua conta quando o resgate for solicitado.

Se você realizou esse tipo de aplicação sem realmente ter tido essa consciência da falta de liquidez, a chance de você descobrir essa característica da pior maneira possível é bem grande. Quando der algum problema e você precisar utilizar o recurso e tentar resgatá-lo, virá a surpresa desagradável.

Você analisou a possibilidade de ganhos maiores e até analisou e entendeu a exposição a risco do produto, mas esqueceu de analisar a liquidez. Mais para frente, ela será necessária, então, na falta dela, esse produto não te atenderá da melhor maneira para aquela situação.

Nesse cenário, se a sua necessidade no resgate do fundo era de real emergência e você não tinha mais outros produtos que te dessem essa possibilidade de resgate imediato, você teria que buscar crédito em uma instituição, pegando alguma forma de crédito fácil para cumprir com seu compromisso financeiro. E isso seria um desastre.

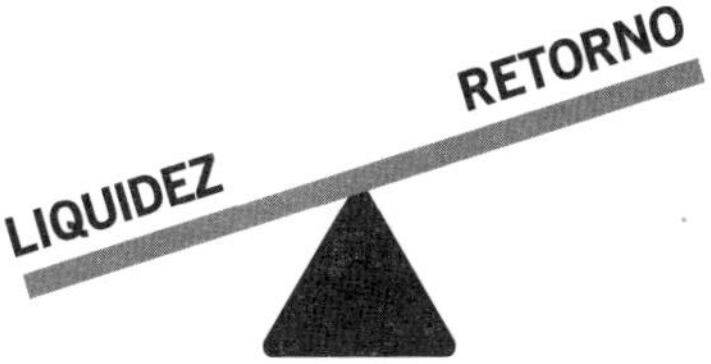

Só olhar o retorno passado, principalmente sem saber os riscos do produto, e aderir a um produto olhando apenas o retorno, sem saber o prazo de resgate, são situações que podem ser desagradáveis ao investidor. Então, sempre lembre-se de que os produtos que entregam mais são os que mais vão exigir de você, investidor, seja com mais riscos ou com a exclusão da liquidez.

***

Deu para perceber que o retorno depende do risco e da liquidez, certo? Se o produto tem prazo maior de resgate, o retorno tem que ser maior, porque você está deixando o seu recurso aplicado em um produto que pede mais tempo para ser resgatado. Nada mais justo do que você ser melhor remunerado por isso.

Se um produto tem riscos, é porque ele assume a reponsabilidade de buscar te entregar rendimentos maiores. Ele assume riscos para ganhar mais do que produtos mais conservadores.

Não é possível, em nenhum investimento, oferecer o melhor retorno, o menor risco e a melhor liquidez juntos, mas é possível combinar dois desses fundamentos em um único investimento, tornando-o mais sólido e balanceado, alinhado com os objetivos e o perfil do investidor.

Uma maneira de juntarmos o combo completo de retorno, risco e liquidez é por meio de uma carteira de investimentos na qual a diversificação – guarde essa palavra, pois falaremos dela em breve – seja fundamental. Ao tomar uma decisão baseada nas três pontas, você terá mais chances de construir uma carteira mais sólida levando em consideração os três alicerces, com liquidez para quando precisar e retorno baseado em segurança conforme o seu perfil.

Como o tema é retorno, acho que é importante entrarmos rapidamente em breves conceitos sobre ele. É importante que você saiba distinguir o retorno passado do retorno esperado (futuro), e a rentabilidade bruta da líquida:

Retorno passado (observado) é a rentabilidade positiva ou não que você obteve em uma operação até o momento. Essa rentabilidade é mostrada em % sobre o capital que você investiu. Exemplo: +1,15% no último mês.

Retorno esperado, como o nome mesmo diz, é a rentabilidade imaginada, sonhada, perseguida, buscada, mas que não é possível saber com antecedência o resultado de um investimento em um período que ainda não aconteceu. Nesse caso, geralmente usamos uma estimativa de retorno, um índice de referência como parâmetro. Exemplo: 105% do CDI.

Retorno bruto é quanto seu investimento rendeu antes de descontar os impostos e os custos operacionais. Ainda não é, porém, a sua rentabilidade real.

Retorno líquido é a sua rentabilidade após os descontos do imposto de renda (IR), seja na fonte ou na sua declaração de ajuste anual e dos custos operacionais, taxa de administração, corretagem, custódia ou qualquer taxa que você tenha pagado na aplicação.

Mão na massa

Diversificando e rodando

Chegamos em um momento muito importante do nosso livro, momento de colocar a mão na massa e pensar na montagem do seu portfólio, lembrando de todos os pontos fundamentais das etapas anteriores sobre a importância do planejamento financeiro, do pensamento sobre o futuro, do respeito pelo seu dinheiro. Chegou a hora de conhecermos um pouco mais sobre os produtos de investimentos para que você possa avaliar os prós e os contras de todos, avaliar prazos de resgates que cada família de produto possui e entender se o produto condiz com as suas necessidades ou não. Enfim, vamos tentar, quase na prática, nos aprofundarmos na montagem de uma carteira de investimentos.

Eu entendo que o planejamento financeiro em si é um assunto um pouco chato para muitas pessoas, cheio de siglas e números, e para quem não é da área pode dar muita preguiça de entender tudo isso, mas estamos falando aqui da sua vida, estamos falando sobre a sua tranquilidade emocional, a sua capacidade de se aposentar um dia e a sua liberdade. Então é importante!

Estamos diariamente gastando energia e tirando forças de lugares que não sabíamos que existiam. Então concentre suas energias também na organização da sua vida financeira.

"Coelho, como montar uma carteira equilibrada com o meu perfil e com os meus objetivos?" Para responder a essa pergunta, precisamos começar falando sobre alocação de ativos e da importância da diversificação nessa alocação. Se você irá investir objetivando algo a longo prazo, pensando no conceito de carteira de investimentos, a diversificação será uma peça fundamental para você conseguir construir uma carteira equilibrada, diluindo o seu risco com a diversidade de produtos.

Relembrando a pirâmide de investimentos, quando procuramos um produto para investir nosso dinheiro, pensamos principalmente em três coisas: que o investimento não tenha risco (segurança), que ofereça boa rentabilidade (retorno) e que possa ser resgatado quando quiser (liquidez).

Esse seria o mundo perfeito com o investimento dos sonhos. Se você encontrar um produto sem risco, com retorno considerável e com liquidez, me arrisco a dizer que você nem precisaria se preocupar com alocação de ativos e diversificação de carteira. Só vai! É só "mandar ver" sem medo de ser feliz e aplicar de olhos fechados! Só não esqueça de me avisar também, porque quero entrar junto com você nessa.

Mas infelizmente não será tão simples assim encontrá-lo. Vale reforçar o assunto (e se a minha esposa estiver lendo, ela vai rir, porque gosta de ressaltar o quanto eu sou repetitivo), mas será muito difícil, para não dizer impossível, encontrar o produto perfeito, que englobe as três características ao mesmo tempo.

Relembrando, os investimentos mais seguros oferecem boa liquidez, mas com retorno menor. Os investimentos que prometem ou que buscam retornos maiores vão te proporcionar uma exposição maior a riscos e, com isso, maior probabilidade de perdas, e por aí vai. "Então, Coelho, eu vou comprar o seu livro para você vir com toda essa teoria e me dizer que não é possível aplicar de uma forma maravilhosamente perfeita o meu dinheiro?" Vamos com calma, porque tudo vai dar certo!

Eu voltei nesse assunto que nos norteia sobre as três pontas da pirâmide para falar da importância da diversificação de carteira, que é a ferramenta que fará com que você alcance as três pontas da pirâmide ao mesmo tempo com uma carteira bem alocada. Então continue lendo este livro. O meu time de futebol da infância não jogava somente com atacantes, zagueiros ou goleiro: todos eram importantes para o coletivo, cada um em sua função.

Realizar uma alocação de ativos é uma estratégia de investimentos que busca melhorar a relação entre risco e retorno, e, por que não, alinhado também com a sua demanda por liquidez por meio da divisão dos recursos disponíveis quanto aos prazos de resgates e exposições a riscos, ajustando da melhor maneira o quanto você vai aplicar em cada produto de acordo com a sua tolerância a riscos, seus objetivos e seu horizonte de tempo. Isso se chama alocação de investimentos em uma carteira, diversificando em ativos com características diferentes para diminuir os impactos. Quanto mais ativos de diferentes tipos de investimento, menor será o risco de uma carteira.

"Ah não, querido escritor! Eu não gosto de diversificar. É muito difícil ver aquele monte de produtos no meu *bankline*, é muito chato para mim. Eu prefiro escolher um produto só e colocar tudo nele." Vamos nos aprofundar um pouco mais nesse assunto para que você mude esse pensamento.

Pare agora um pouco e lembre-se das empresas mais bem-sucedidas que você conhece. Alguma dessas empresas que vieram à sua cabeça trabalham somente com um produto, ou trabalham com uma prateleira de produtos variada? Tenho certeza de que elas trabalham com diversas opções! A razão disso é um aumento de segurança. Mesmo quando os consumidores não querem um produto, existe a possibilidade de consumirem outro da prateleira e, com isso, as vendas continuam. O conceito e a importância são iguais. É isso que conhecemos de diversificação. Em finanças, costumamos dizer que a diversificação se trata do único almoço grátis.

Mais de 90% da variação do retorno de uma carteira vem da correta alocação dos ativos. Os outros 10% estão ligados ao momento em que o investidor entrou ou saiu do produto e aos ativos escolhidos para a carteira dentro de uma determinada classe. Então, diferentemente do que você imagina, o negócio não é ser notório na escolha dos ativos, nem ter a "mão boa" para acertar a hora certa de entrar naquele determinado produto: o mais importante para o sucesso de longo prazo de uma carteira de investimentos é a sua alocação de ativos.

Eu preciso repetir isso para que fique gravado na sua cabeça: a diversificação dos ativos da sua carteira e o quanto você destina para cada investimento será nove vezes mais importante do que o momento em que você compra um determinado ativo ou qual ativo você compra. Pense no quanto ao invés de qual e quando.

A principal vantagem da você alocar os seus ativos é a redução do risco diversificável por meio da variedade de ativos que você irá colocar na carteira. Vamos entender o que é o risco diversificável (risco não sistemático), o qual iremos eliminar com uma carteira bem montada, e o conceito de risco não diversificável (risco sistemático).

Risco não sistemático

Também chamado de risco diversificável, é aquele que você consegue reduzir e que é possível diversificar. Isso ocorre porque é um risco específico do investimento em si e não um risco do mercado como um todo.

Exemplo: vamos considerar as ações da Petrobras. Em um determinado momento, por razões que podem ser diversas, o preço do barril do petróleo pode desabar; consequentemente, as ações da Petrobras também cairão. Caso isso ocorra, somente as ações específicas da Petrobras serão afetadas, criando o risco de um ativo e não do sistema como um todo.

Risco sistemático

É conhecido como risco de mercado, risco que afeta todo o sistema econômico, ao contrário do não sistemático, que afeta somente um ativo.

Exemplo: qualquer crise que afete toda a economia brasileira, como a crise da covid-19. Todos os setores foram afetados, alguns menos, outros mais, porém foi uma crise sistêmica que afetou de uma forma ou de outra todos os componentes desse sistema. Esse risco é considerado como risco não diversificável, pois, ao contrário do sistemático, ele não pode ser anulado. É algo que acontece para todos os segmentos no geral, e não para um específico.

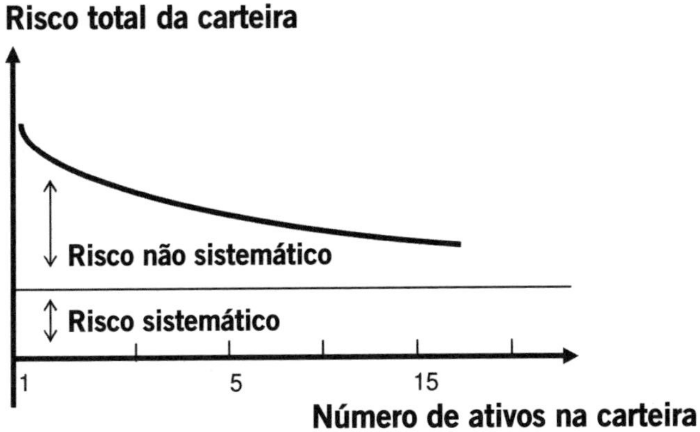

Coloquei o gráfico acima para que você consiga notar que quanto mais ativos nós temos na carteira, mais conseguimos reduzir o risco diversificável (ou não sistemático) dela, até chegar a um nível em que novas inclusões já não impactam tanto a redução de risco do portfólio, restando somente o risco não diversificável, aquele cuja diversificação de ativos não consegue reduzi-lo, como na crise da covid-19, por exemplo.

O fato de investir em diversos ativos para reduzir o impacto negativo na carteira já era explicado em 1950 por Harry Markowitz, pai da Teoria Moderna de Portfólio. Segundo ele, "o risco de uma carteira é menor que a soma dos riscos individuais de cada ativo".

Existem inúmeros conceitos de modelos que a literatura mostra de montagens de carteiras, baseados em diferentes conjuntos de hipóteses. Não vou entrar nesse mérito, já que a maioria possui um razoável nível de complexidade e sofisticação, sendo conceitualmente utilizadas por gestores de recursos e de fundos. A ideia aqui é te ajudar a entender a importância de uma boa composição de carteira e da importância do conceito de diversificação. Caso você se interesse pelo assunto e queira se aprofundar no tema, um pontapé inicial pode ser se aprofundar mais na Teoria Moderna de Portfólio de Harry Markowitz e seu conceito de "fronteira eficiente", que acaba sendo o mais clássico e até hoje influencia a elaboração de carteiras de investimentos.

Na prática o conceito é bem simples. Com mais um velho ditado maravilhoso, ficará fácil de você entender: "nunca coloque todos os ovos na mesma cesta".

Como melhorar a sua diversificação

Para finalizar a discussão sobre a importância da diversificação, quero apurar um pouco mais o seu entendimento. Para montar uma carteira de investimentos bem diversificada é essencial ter ativos com correlações distintas entre si. E o que isso quer dizer? Primeiro vamos entender o que é correlação. O significado simples é: correlação significa uma semelhança ou relação entre duas coisas, pessoas ou ideias. E em investimentos a ideia é a mesma: correlação é a forma de se medir como dois ativos diversos se relacionam. Correlação positiva em ativos significa que eles têm grandes chances de andarem juntos, como a Petrobras e a cotação do petróleo. Já ativos com correlação negativas se movem em direções distintas: enquanto um sobe, a tendência do outro é a de cair. Um exemplo é a relação do Ibovespa com o dólar. Quando o índice da principal bolsa brasileira sobe, o valor do dólar tende a recuar.

Entendendo isso, pense como é importante ter ativos que tendem a andar em posições diferentes para que a sua diversificação de carteira tenda a ser mais assertiva. Se você tiver somente ativos de bancos em sua carteira, por exemplo, e se tivermos um cenário negativo para essa classe, sua diversificação praticamente de nada valeu. Ou se você só tiver ativos atrelados ao dólar em sua carteira e o dólar se depreciar, o caminho será o mesmo. Dito isso, fica clara a importância de montar um portfólio diversificado com ativos com correlações que difiram entre si.

Meu objetivo ao falar sobre esse conceito era apenas afinar um pouco mais a sua percepção sobre diversificação. No final do capítulo, quando eu demonstrar carteiras sugeridas, elas seguirão esse mesmo rumo de classes distintas, melhorando a assertividade da diversificação.

Tipos de investimentos

Agora que você entendeu a importância de uma alocação bem-feita na sua carteira de investimentos, buscando reduzir o máximo possível do risco da sua carteira, vamos falar sobre os tipos de investimentos para que você se familiarize com as possibilidades de produtos, possa conversar de igual para igual com os seus amigos sabichões e para que nenhum produto te deixe mais de "cabelos em pé" quando você ouvir falar sobre ele.

Basicamente, quando você aplica em um investimento, você está comprando um ativo financeiro, ou um conjunto de ativos, com o objetivo de obter lucro no momento em que você se desfizer dele. Você pode investir em tantas coisas diferentes, como naquela(e) garota(o) simpática(o) em busca de um relacionamento duradouro com filhos, com uma casa grande e dois cachorros, em seu tempo disponível em um período de quarentena para escrever um livro, em uma loja de açaí próxima de uma academia, por exemplo, junto a um amigo, em você, no seu futuro, com cursos e bagagem educacional, e até na reforma da sua casa para ter mais conforto e valorização de si mesmo.

Existem várias formas de se investir sempre visando um retorno, seja ele a garota dos seus sonhos, a escrita de um livro, um empreendimento, o crescimento pessoal ou a melhoria do seu imóvel. São aportes de tempo, de dedicação ou de recursos financeiros em prol de um algo a mais, de uma recompensa, e, no nosso caso, de mais dinheiro, de que este trabalhe para nós de uma maneira que nos deixe mais confortáveis.

O objetivo de um investimento financeiro é fazer que, com ajuda do tempo, "o dinheiro renda dinheiro."

Ao contrário do que muitos pensam, encontrar bons investimentos não será mais um problema, independentemente da fase do ciclo financeiro em que você esteja. Aquela história de só existir produtos interessantes para quem tem muito dinheiro para investir praticamente caiu por terra nos últimos anos.

Recentemente, tivemos um movimento novo no mercado financeiro com o *boom* das corretoras de valores, que trouxeram uma democratização ao mercado financeiro ao possibilitar o acesso de pequenos investidores a uma gama diferenciada de produtos que até então eram disponibilizados somente para clientes com volumes maiores nos bancos, por exemplo. Com esse movimento de abertura de prateleira, os grandes bancos tiveram que acompanhar essa mudança, reduzindo seus *tickets* de entrada de inúmeros produtos e aumentando o leque de opções de produtos para investidores de diferentes faixas. Com isso, o acesso a produtos diferenciados ficou mais democrático.

Existem diversos tipos de investimentos, para todos os gostos, disponíveis no mercado para você escolher, mas você precisa saber que existe uma divisão clássica, em que os produtos são classificados de duas formas: produtos de Renda Fixa (RF) e produtos de Renda Variável (RV). Vamos conhecê-los:

Renda fixa

Você aplica na renda fixa, emprestando seu dinheiro ao emissor de um título e em troca ele te pagará um determinado juro por isso. Você será remunerado pelo empréstimo. Nesse acordo entre você, o investidor, e o emissor do título, você tem a certeza do resultado que irá receber após um determinado período.

Nos títulos **prefixados**, você sabe quanto irá receber na hora do investimento. Na hora da contratação, você sabe por qual taxa aquele produto está sendo negociado, e se levar até o vencimento, tem a certeza daquilo que receberá.

Quando te oferecerem um título pagando 6% ao ano, por um prazo de cinco anos, você sabe que se você carregar esse investimento até o seu vencimento, irá receber os 6% por ano independentemente de como estiver a taxa de juros no país. Por isso o chamamos de prefixado.

Nos títulos **pós-fixados** você só conhecerá o seu retorno no futuro, pois ele irá acompanhar algum índice de referência. Se esse índice subir ao longo do período de vigência do investimento, seus rendimentos também subirão, e o inverso também é verdadeiro. Os índices de referência mais usados são o CDI,[1] que representa a curva de juros do país e o IPCA,[2] que representa a inflação.

Então, quando você receber uma oferta de um título que tem como taxa 100% do CDI, com prazo de vencimento de cinco anos, quer dizer que você irá receber 100% do índice CDI do período investido. Você não sabe como será o comportamento do CDI ao longo dos cinco anos, por isso é uma aplicação pós-fixada. Seguindo a linha nos produtos de renda fixa, vamos conhecer os produtos de acordo com os seus emissores.

---

1 CDI significa Certificado de Depósito Interbancário, que é o título emitido por instituições financeiras com o objetivo de transferir recursos entre si. A taxa CDI é um número de orientação para entender melhor suas alternativas na hora de escolher investimentos de renda fixa ("Você sabe o que é CDI?". *Como investir.* Disponível em: https://comoinvestir.anbima.com.br/noticia/cdi/. Acesso em: 27 jan. 2022).

2 IPCA (Índice de Preços ao Consumidor Amplo) é um índice que mede a variação de preços de mercado para o consumidor final. Estabelecido pelo Instituto Brasileiro de Geografia e Estatística (IBGE) mensalmente, ele representa o índice oficial de inflação no Brasil.

Primeiro emissor: governo brasileiro, por meio do Tesouro Direto

Quando se aplica em um título público do Tesouro Direto, você basicamente está emprestando recursos para o país. O Governo Federal, em busca de financiar as suas atividades, emite certificados da dívida pública, que o investidor pode comprar em troca de rentabilidade.

São os títulos mais seguros do mercado. Para facilitar o entendimento, basta pensar que, basicamente, o risco de você perder o seu valor aplicado é somente se o país "quebrar". E se o país quebrar, o sistema financeiro e os bancos privados já terão entrado em colapso antes.

Eu já ouvi de alguns clientes o seguinte receio: "Marcelo, meu querido assessor de investimentos, eu não quero comprar títulos do tesouro, pois não me sinto confortável em emprestar meu dinheiro para 'esse' governo, o qual eu sou contra!". Independente da sua posição política, ao comprar um título público você está emprestando recursos ao Tesouro Nacional, que além de captar recursos para o financiamento da dívida pública, financia atividades do Governo Federal, como educação, saúde e infraestrutura. Então isso nada tem a ver com a sua posição política.

Vale lembrar que o Tesouro Nacional é o único devedor que pode imprimir dinheiro (legalmente, pelo menos). Então, fique tranquilo: estamos falando do investimento mais seguro para se investir.

Tipos de produtos

1) **Tesouro prefixado, ou, na nomenclatura antiga, LTN (Letra do Tesouro Nacional):** títulos públicos que oferecem uma taxa prefixada, definida no momento da compra. Você sabe na hora os juros que serão pagos no momento do vencimento.

2) **Tesouro prefixado com juros semestrais, ou, na nomenclatura antiga, NTN-F (Nota do Tesouro Nacional Série F):** títulos públicos com rentabilidade prefixada definida no momento da compra, porém com pagamentos dos valores semestrais em forma de cupons. É a mesma lógica da LTN, porém realiza pagamentos de cupons semestrais.

Obs.: se você tem uma visão de longo prazo, a LTN é um investimento mais apropriado, pois ela vai reinvestindo os cupons e o lucro sobre lucro, e, no final, o retorno será maior. Por outro lado, se você tem pretensão de receber adiantado os rendimentos via cupom semestral, pois poderão te ajudar em seus compromissos financeiros, a NTN-F possui essa característica e te atenderá.

3) **Tesouro Selic, ou, na nomenclatura antiga, LFT (Letra Financeira do Tesouro):** são os títulos públicos que possuem sua rentabilidade vinculada à taxa SELIC. Por serem pós-fixados, você saberá a remuneração somente no vencimento, pois ele irá

acompanhar o comportamento da taxa básica de juros da economia.

4) **Tesouro IPCA, ou, na nomenclatura antiga, NTN-B Principal (Nota do Tesouro Nacional Série B):** são os títulos públicos atrelados à variação da inflação (IPCA), acrescida de juros definidos no momento da compra.

É o título mais seguro quanto ao poder de compra do dinheiro investido, pois irá te pagar uma taxa fixa mais a variação da inflação do período, fazendo, dessa forma, com que você tenha os seus recursos corrigidos pela inflação do período.

5) **Tesouro IPCA com juros semestrais, ou, na nomenclatura antiga, NTN-B (Nota do Tesouro Nacional Série B):** tem o mesmo conceito da NTN-B Principal, porém realiza o pagamento de juros semestrais. Os pagamentos dos juros são feitos semestralmente e o pagamento do principal é feito no vencimento. É ideal para quem busca uma remuneração semestral, caso tenha compromissos financeiros. Os títulos públicos do tesouro são títulos que normalmente trabalham com prazos mais longos de vencimento, porém o Tesouro Nacional te concede a possibilidade de poder sair quando quiser, caso precise.

Mas você deve estar se perguntando: "Tem prazo de vencimento, mas eu posso sair quando quiser? O que adianta ter vencimento, então?". Esse é um bom ponto a ser questionado. É indispensável entender a importância do vencimento para alguns títulos públicos.

No caso dos tesouros prefixados (LTN) e os tesouros IPCA (NTN-B), eles não só podem como irão ter oscilações em suas cotações no meio do caminho. E por isso a sugestão é de sempre tentar levar o valor aplicado até o vencimento para que você consiga obter todo o rendimento acordado no ato da contratação e não precise se deparar com uma possível surpresa desagradável no momento em que precisar se desfazer de alguma posição no meio do caminho. Já os títulos do tesouro Selic (LFT) não têm esse risco e não oscilam no meio do caminho, porque são atrelados ao índice de referência (SELIC), seguindo sempre com variação positiva.

"Nossa, nunca ouvi dizer na minha vida que um título do Tesouro Nacional oscila. Inclusive ouvi hoje na rádio um analista indicando e falando que é muito seguro!" Sirvo bem para servir sempre, querido leitor. Essa informação normalmente é passada pela metade e você precisa entender um conceito para entender como é calculado quanto os títulos públicos valem diariamente. Aqui é a vida como ela é!

Para entender essas oscilações, é importante discutir o conceito de **marcação a mercado**. Marcação a mercado é a atualização, normalmente diária, do preço de um ativo de renda fixa ou da cota de um fundo de investimento. Falando português claro, a marcação a mercado permite que você saiba quanto receberia hoje se vendesse seu título, como se fosse a Tabela FIPE que você olha para ver quanto seu carro vale.

Se você possui na carteira títulos prefixados ou atrelados à inflação e a taxa básica de juros cai, esses títulos acabam se valorizando momentaneamente, porque se a taxa de juros caiu, quer dizer que as taxas serão menores para quem entrar agora nesse produto. Sendo assim, esses títulos ficam mais caros, e se eles ficam mais caros, quer dizer que você possui um título que vale mais.

Inversamente, se você possui em sua carteira esses títulos prefixados e atrelados à inflação e a taxa de juros no país sobe, a remuneração desses títulos sobe, mas, por outro lado, o seu preço tende a cair, e você tem uma desvalorização momentânea do seu título.

Por isso esses títulos oscilam, e por isso a importância de serem levados até o seu vencimento, pois no vencimento você terá garantido o seu rendimento acordado no ato da contratação. Já o que ocorre no meio do caminho é uma incógnita. Em suma, os títulos públicos do Tesouro são indicados para aqueles que querem investir a longo prazo.

Vantagens de se aplicar em títulos públicos do Tesouro

Variedade de títulos, podendo escolher o que melhor se adapta ao seu objetivo; segurança no retorno;

ideal para investimentos de médio e longo prazo; investimento inicial baixo (com cerca de trinta reais você já consegue comprar uma fração de um título do tesouro); liquidez de até dois dias úteis, pois mesmo você sabendo que sair no meio do caminho não é o ideal, o governo te concederá liquidez para que você se desfaça do produto caso precise; rentabilidade superior à poupança.

Desvantagens de se aplicar em títulos públicos do Tesouro

Necessidade de precisar segurar o título até o seu vencimento para que você consiga realmente obter o retorno acordado, nos casos dos títulos com taxas conhecidas na contratação; taxa de custódia de 0,25%[3] para a B3 no valor de 0,25% sobre o valor dos títulos, referente aos serviços de guarda de títulos. O que não

---

3 Taxa vigente em 2020. A partir de 01/08/2020 o título Tesouro Selic passou a ser isento de custódia até o estoque de R$ 10.000,00. A taxa será cobrada sobre os valores que excederem o estoque de R$ 10.000,00 por investidor (CPF) ("Tarifas de Tesouro Direto". B3. Disponível em: https://www.b3.com.br/pt_br/produtos-e-servicos/tarifas/tarifas=-de-tesouro-direto/#:~:text-0%2C20%25%20a.a.,%2C%20por%20investidor%20(CPF). Acesso em: 27 jan. 2022). Existe também a taxa de custódia cobrada pelas instituições financeiras, mas está praticamente em desuso, pois quase todas já isentaram o cliente desse valor.

chega a ser uma grande desvantagem, pois todos os fundos de investimentos, por exemplo, cobram taxas de administração que, na sua maioria, são maiores que a custódia cobrada pelo Tesouro.

Tributação

Segue a tabela regressiva: 22,5% sobre o lucro obtido em aplicações de até 180 dias, de 20% em aplicações de 181 a 360 dias, 17,5% em aplicações de 361 a 720 dias e 15% em aplicações superiores a 720 dias.[4] Tem incidência de IOF[5] (você pode consultar a tabela do IOF no *site* da receita: receita.economia.gov.br).

Com o objetivo de incluir as pessoas físicas, pequenos investidores, nesse tipo de aplicação, o governo criou um projeto em que os títulos passaram a ser negociados no *site* do Tesouro Direto.

---

4 Instrução normativa RFB n. 1915, de 27 de novembro de 2019. Disponível em: http://normas.receita.fazenda.gov.br/sijut2consulta/link.action?idAto=105149&visao=anotado. Acesso em: 27 jan. 2022.

5 IOF é a sigla de Imposto sobre Operações Financeiras. Ele é um imposto federal e tem com intuito ser um regulador da economia nacional. A taxa cobrada em cada operação é vista como um recolhimento proporcional dos investimentos, dando conhecimento da demanda e oferta de crédito ("O que é IOF? Entenda como funciona". *Serasa ensina*. Disponível em: https://www.serasa.com.br/ensina/dicas/o-que-e-iof/. Acesso em: 27 jan. 2022).

Segundo emissor: instituições financeiras

Os bancos emitem títulos de renda fixa como forma de conseguir o capital para conceder como linha de crédito aos próprios clientes. Dito de uma maneira mais simples, você empresta dinheiro para o banco em troca de juros, comprando um título de renda fixa, e o banco pega esse recurso e empresta para outros clientes com juros mais altos do que ele está te pagando.

Tipos de produtos

1) CDB (Certificado de Depósito Bancário): assim como nos títulos emitidos pelo governo, você também empresta dinheiro para o banco em troca de recebimento de retorno. Em outras palavras, é a compra de um título emitido pelo banco. Se o banco quebrar, você perde, porém continua tendo a segurança do FGC.[6]

---

6 Fundo Garantidor de Crédito. Sem vínculos com o governo, o FGC é uma entidade privada e sem fins lucrativos que administra mecanismos de proteção a titulares de crédito contra possíveis problemas financeiros de instituições financeiras. Seu objetivo geral é manter a confiança dos investidores e garantir a segurança, de forma que as pessoas não tenham medo de perder seu capital ("Fundo Garantidor de Créditos: O que é e como funciona o FGC?". *Expert XP*. Disponível em: https://conteudos.xpi.com.br/aprenda-a-investir/relatorios/fgc/. Acesso em: 27 jan. 2022). Funciona como uma garantia ao investidor caso a instituição

Os CDBs podem ser remunerados por meio de juros prefixados ou pós-fixados. O mais comum é o CDB DI (pós-fixados), com liquidez diária, mas existem os que estipulam um prazo de vencimento e uma carência de resgate, porém com retornos também um pouco mais altos. Os CDBs são o produto ideal para uma reserva de emergência com liquidez para aquele recurso que você precise usar a qualquer momento, pois tem baixíssimo risco e resgate imediato.

Vantagens de se aplicar em CDB

Baixo risco; rentabilidade superior à poupança; liquidez e cobertura do FGC; ausência de taxas (administração ou performance[7]).

---

financeira quebre. O valor garantido é de até R$ 250.000 por CPF em cada instituição, limitado a R$ 1.000.000, o que significa que se você tiver R$ 220.000 em um banco e este mesmo valor em outro banco, ambos os investimentos estão garantidos pelo FGC.

7 Taxa de performance é a taxa cobrada sobre uma parcela da rentabilidade do fundo que exceda a variação de um índice de desempenho previamente determinado, chamado de *benchmark*, e remunera o bom desempenho do fundo de investimento, caso o objetivo de superar o seu *benchmark* seja alcançado ("O que é taxa de performance de fundos?". *Itaú Asset Management*. Disponível em: https://www.itauassetmanagement.com.br/faq/o-que-e-taxa-de-performance-de-fundos. Acesso em: 27 jan. 2022).

Desvantagens de se aplicar em CDB

Baixo rendimento; taxas de rentabilidade variam entre os bancos (portanto, é preciso pesquisar).

Tributação

Segue a tabela regressiva: 22,5% sobre o lucro obtido em aplicações de até 180 dias, de 20% em aplicações de 181 a 360 dias, 17,5% em aplicações de 361 a 720 dias e 15% em aplicações superiores a 720 dias.

2) LCI (Letras de Crédito Imobiliário)

São títulos de renda fixa lastreado no crédito imobiliário. Para facilitar, é um empréstimo que você faz a uma instituição financeira que vai direcionar os recursos para o financiamento de imóveis.

2) LCA (Letras de Crédito do Agronegócio)

São títulos de crédito emitidos por instituições financeiras com o objetivo de financiar o setor agrícola. Nas duas modalidades de investimento é possível conseguir taxas que te proporcionem rendimentos bem superiores aos da poupança, por exemplo. Além disso, não existe cobrança de Imposto de Renda para pessoas físicas, e há cobertura do Fundo Garantidor de Crédito. Os dois investimentos são muito similares, e seu trabalho é só escolher o melhor rendimento. As LCIs/LCAs podem ser remuneradas por meio de juros prefixados ou pós-fixados.

Ideal para investidores conservadores que não necessitem de liquidez no curto prazo, pois na sua grande maioria, elas não oferecerão a possibilidade de saída antes de seu vencimento, tendo prazos longos.

Vantagens de se aplicar em LCI/LCA

Segurança de retorno, ideal para investimentos de médio e longo prazo; rendimentos superiores à poupança; isenção de Imposto de Renda e IOF; cobertura do FGC.

Desvantagens de se aplicar em LCI/LCA

Prazo mínimo de aplicação de noventa dias; as maiores taxas estão em títulos mais longos, sem a possibilidade de saída antes do vencimento; os emissores podem pedir valor mínimo inicial mais alto.

Tributação

Produto isento de Imposto de Renda e IOF para pessoa física. Para pessoa jurídica, segue a tabela regressiva 22,5% sobre o lucro obtido em aplicações de até 180 dias, de 20% em aplicações de 181 a 360 dias, 17,5% em aplicações de 361 a 720 dias e 15% em aplicações superiores a 720 dias.

Terceiro emissor: grandes empresas privadas

Assim como o governo e as instituições financeiras podem emitir títulos, as grandes empresas privadas também podem. Quando uma empresa privada acima de um determinado porte precisar captar recursos financeiros para expansão, abatimento de débitos ou determinada finalidade, ela pode literalmente recorrer "ao mercado", emitindo títulos em troca de rendimento.

Tipos de produtos

1) **Debêntures** (títulos emitidos por Sociedades Anônimas S/A)

Uma empresa pode emitir debêntures de títulos de crédito representando um empréstimo. Na prática, quando você compra uma debênture, você está emprestando seu dinheiro para a empresa emissora do título em troca do dinheiro e dos juros, e a empresa irá usar esse recurso para a finalidade que ela estabeleceu.

Essa compra é acordada com prazos e juros. Você pode ficar com a debênture até o seu vencimento e a empresa irá receber essa dívida de volta, ou você pode vender no meio do caminho para uma outra pessoa. Existem prazos variados de vencimento, e, como em outros investimentos, quanto maiores os vencimentos, maiores as taxas pagas ao investidor. As debêntures podem ser remuneradas por meio de juros prefixados ou pós-fixados.

Existem dois tipos de debêntures:

Debêntures incentivadas: são aquelas emitidas por empresas que estão captando recursos para projetos de infraestrutura, como aeroportos, rodovias e portos. Por isso, o governo concede isenção de imposto de renda e IOF para pessoa física.

Debêntures simples: como o próprio nome diz, são debêntures que não são incentivadas e cobram imposto de renda.

Vantagens de se aplicar em debêntures

Possibilidade de rendimento maior que os títulos públicos; debêntures incentivadas são isentas de Imposto de Renda e IOF para pessoa física.

Desvantagens de se aplicar em debêntures

Maior risco de crédito da empresa emissora do título que os títulos públicos do Tesouro; prazos mais longos de resgate; não possui cobertura do FGC.

Tributação

Debêntures de infraestrutura são isentas de Imposto de Renda para pessoa física. Debêntures simples seguem a tabela regressiva: 22,5% sobre o lucro obtido em aplicações de até 180 dias, de 20% em aplicações de 181 a 360 dias, 17,5% em aplicações de 361 a 720 dias e 15% em aplicações superiores a 720 dias.

Para pessoa jurídica o subsídio é da alíquota mais baixa da tabela regressiva de 15%.

2) CRI (Certificado de Recebíveis Imobiliários)

Investimento destinado a financiar transações do mercado imobiliário, bem semelhante à LCI (Letra de Crédito Imobiliário). Quando você adquire um CRI, você "empresta" seu dinheiro para o emissor desse título e em troca espera obter seu recurso de volta, mais um rendimento, na data de vencimento.

3) CRA (Certificado de Recebíveis do Agronegócio)

É muito parecido com o conceito do CRI, porém o CRA está ligado ao setor de agronegócio, se assemelhando à LCA. Os CRAs e CRIs são títulos emitidos por empresas privadas – securitizadoras[8] – e podem ter rentabilidades prefixadas, pós-fixadas e híbridas, combinando parte do rendimento a uma taxa prefixada e uma outra parte à oscilação do CDI e do IPCA (inflação).

---

8 Securitizadoras são empresas que compram créditos e os securitizam, ou seja, os transformam em títulos para serem vendidos posteriormente a investidores. São as únicas empresas autorizadas a emitir os CRI e CRA ("CRI e CRA: Entenda como funcionam os certificados de recebíveis". *Eu quero investir*. Disponível em: https://www.euqueroinvestir.com/cri-e-cra-entenda-como-funcionam-os-certificados-de-recebiveis/#O_que_e_uma_securitizadora. Acesso em: 27 jan. 2022).

Vantagens de se aplicar em CRA/CRI

Possibilidade de rendimento maior que os títulos públicos; isenção de Imposto de Renda para pessoa física.

Desvantagens de se aplicar em CRA/CRI

Maior risco de crédito da empresa emissora do título que os títulos públicos do Tesouro; prazos longos de resgate; não possui cobertura do FGC.

Tributação

Produto isento de Imposto de Renda e IOF para pessoa física. Para pessoa jurídica, segue a tabela regressiva, 22,5% sobre o lucro obtido em aplicações de até 180 dias, de 20% em aplicações de 181 a 360 dias, 17,5% em aplicações de 361 a 720 dias e 15% em aplicações superiores a 720 dias.

Quando falamos de títulos de crédito privado, esperamos sempre um retorno superior aos títulos públicos emitidos pelo governo. Por quê? Simples: a empresa que emite o título tem mais risco de quebrar do que o governo, certo? Então, se tem mais risco, eu quero um retorno maior para comprar esse título. Em outras palavras, quero ganhar mais, e nada mais justo! Por isso os títulos do tesouro têm uma rentabilidade menor que os títulos emitidos por empresas, pois o risco do investimento é menor.

Renda variável

Como o nome já sugere, os produtos de renda variável variam, ou melhor, o retorno esperado varia, e varia positiva e negativamente. Sendo assim, a renda variável é composta de investimentos em que a remuneração ou sua forma de cálculo não é conhecida no ato da contratação, pois vai depender das condições de mercado.

Enquanto os investimentos de renda fixa são recomendados para os investidores mais conservadores, claramente os investimentos de renda variável são recomendados para clientes com mais apetite por risco, com aquele toque de pimenta no molho que você acha que está sem graça. Só cuidado para não virar o vidro de pimenta todo de uma vez.

São diversos os tipos de investimentos em renda variável, dos mais simples aos mais sofisticados, mas como não estamos falando neste livro de nenhum planejamento financeiro baseado em produtos da NASA, vou falar sobre as principais opções disponíveis de investimentos em renda variável que você encontrará no mercado.

Tipos de produtos

Ações

Quando se fala de renda variável, automaticamente pensamos em ações. O conceito pode ser simples, mas vale sempre uma ressalva: uma ação é uma parcela que compõe o capital social de uma empresa, ou seja, são as mínimas unidades de títulos emitidas pela sociedade anônima. Quando você compra ações de uma empresa, você está comprando uma participação da mesma e se tornando um sócio.

As ações são negociadas na bolsa de valores e suas negociações são sempre intermediadas por uma corretora, na qual você precisa ter o cadastro aberto para conseguir operar. Os seus preços oscilam diariamente, pois o mercado está sempre "precificando" o quanto vale aquela empresa de acordo com os seus acontecimentos. Uma divulgação de resultado pode fazer com que o preço de uma determinada ação sofra uma forte oscilação, dependendo de como foi aquele resultado. Uma notícia como a queda no preço dos combustíveis pode fazer com que uma ação de companhia aérea tenha reflexos positivos e suba, já que o combustível é o maior custo da companhia. E por aí vai.

O investimento em ações busca capturar o crescimento das principais empresas, seja no Brasil, nos EUA ou em qualquer outro país do mundo. Esse crescimento não será linear: no caminho para esse crescimento, existem momentos de crise e de prosperidade, oscilando conforme os ciclos econômicos, com a gestão da empresa e suas decisões de novos projetos e expansão.

Existem maneiras diferentes de se investir nesse mercado. Alguns investidores operam com uma visão de curtíssimo prazo, com operações que chamamos de *day trade*, nas quais a compra e a venda ocorrem no mesmo dia na busca de uma variação positiva no preço da ação, e, para isso, muitos se utilizam da análise gráfica, também chamada de análise técnica, que é um método de avaliação das ações no qual a variação do preço é avaliada por seus gráficos, buscando tendências de movimento em suas cotações. Essa análise é mais utilizada na procura por retornos de curto prazo. Outros investidores operam com *swing trade*, que tem como diferença do *day trade* o tempo de permanência no mercado. No *swing trade*, os investidores permanecem no mercado por um tempo maior, normalmente entre cinco e dez dias, também se utilizando de análise gráfica nesses casos. Além disso, existem as operações de médio e longo prazo, em que os investidores com uma visão mais voltada para a análise de fundamentos de longo prazo das empresas, aliados com uma análise macroeconômica, buscam rendimentos baseados em fundamentos mais sólidos, sempre de olho no crescimento das empresas.

Para o modelo de planejamento financeiro que estamos propondo neste livro, com uma visão de longo prazo que pretende alcançar a colheita dos saborosos frutos no futuro de vocês, vou abordar com mais afinco as ações que irão compor a sua carteira de investimentos em um universo de tempo maior. Consequentemente, isso acarretará em análises mais fundamentalistas. "Nossa, mas que decepção! Sou super adepto do modelo de *day trade* e conheço inúmeras pessoas que enriqueceram com isso. Meu amigo me disse que comprar ações de longo prazo é burrice". Eu só quero te ajudar e abrir seus olhos para que você possa evitar qualquer problema futuro, caro leitor. Só quero que você tenha cuidado.

Ao tentar obter ganhos com as oscilações das ações de curtíssimo prazo, você fica totalmente exposto aos efeitos dos ruídos e "disse me disse" do mercado, o que pode acabar se tornando muito mais perigoso para investidores mais leigos nessa característica operacional, em oposição aos investimentos com fundamentos de longo prazo. As oscilações bruscas no curtíssimo prazo sempre acontecem e vão continuar acontecendo, podendo te levar a perdas que podem ser consideráveis para seu capital. Mesmo as ações das principais empresas, como Vale do Rio Doce, Itaú, Ambev, e mesmo as de empresas estrangeiras, como Coca-Cola, Apple e Microsoft, sofrem com oscilações negativas no mercado a depender da bolsa daquele dia e das notícias pontuais das determinadas empresas.

Muitos investidores, depois de receber uma única informação, um ruído, um papo com os amigos, já passam a sonhar em ficarem ricos na bolsa de valores com ganhos rápidos e fáceis, e isso é um perigo – não o sonho, pois isso é algo que todos nós podemos, mas sim a crença de que isso será fácil e rápido. Existem ganhadores em bolsa de valores no curto prazo? Sim. É a maioria? Talvez não! É o seu objetivo? Se for, ok! Busque cursos, se especialize, disponibilize tempo para focar nisso, realize testes em simuladores por um tempo até começar a investir o seu próprio dinheiro e só depois de um período avalie os seus resultados.

Vou contar uma história que se repete muito para que você entenda como pode ser fácil se enrolar nesses movimentos mais curtos, enviesado pelo sonho de ficar rico com ganhos rápidos. Com isso, repetirei novamente: talvez esse não seja o seu objetivo maior e você ainda não tenha tempo e nem habilidade para esse tipo de operação, por isso é necessário que esses pontos sejam avaliados antes que ocorra uma perda financeira.

Você escuta de alguém (daquele seu amigo do churrasco, por exemplo) que as ações das Lojas Renner estão em um bom momento de compra para uma operação de um ou dois dias, no máximo. Você, de tanto ouvir um pouco aqui e um pouco ali sobre ações, resolve abrir cadastro em uma corretora e compra as ações tais da loja. Um dia se passa e as ações subiram o equivalente a 2% líquido e você pensa: "Legal! Vou vender e realizar esse lucro".

Alguns dias depois, as ações caem para o preço que você havia comprado, e você, muito esperto que é, compra novamente. Mas dessa vez você deu mais sorte: as ações subiram em dois dias o equivalente a 4% líquido. Maravilha! Você vende e coloca o lucro no bolso novamente. Você é muito bom nisso!

Alguns dias se passam e lá estão as ações da Lojas Renner no mesmo patamar que você comprou nas últimas duas vezes. Você já está mais confiante. O jogo virou e agora você já dá dicas de bolsa para os amigos. Agora você pode até se arriscar um pouco mais e resolve comprar um pouco mais de ações do que as últimas duas vezes. Não tem o que dar errado. "Isso tudo é muito simples. Por que não comecei com isso antes?" Nesse mesmo dia, de tarde, as ações caem 2%. "Ok, vou segurar!" No dia seguinte, mais 1,5% de queda. "Tudo certo, vamos aguardar mais um pouco." Dois dias depois, mais 4% de queda, e você pensa: "Elas irão voltar, é só esperar!". Você nem percebeu que o mercado entrou em tendência de baixa. Você já não acompanha mais notícias e não avalia mais os motivos que resultaram naquela queda. É como se você congelasse.

Você olha a sua conta e percebe que consegue comprar mais 50% da sua atual posição. Aliás, o preço está melhor nesse momento, então vale a pena fazer um preço médio. E assim você o faz. Vale te lembrar aqui que o seu propósito inicial era de realizar uma operação de um ou dois dias. Mas você já está em uma operação de mais de dez dias, acumulando um prejuízo de quase 10% e agora com uma posição ainda maior.

Essas histórias costumam se repetir, e quando isso acontece, você já não consegue acompanhar o seu trabalho da mesma forma que fazia antes. Seu psicológico já está totalmente comprometido, você só pensa em recuperar a perda. E o que acontece no final? Algumas vezes o preço médio te ajuda e a ação volta ao seu patamar. Algumas vezes, o final não é tão feliz e você, sem a bagagem de conhecimento, acaba vendendo as ações e realizando o prejuízo e nunca mais volta a operar com ações.

E o trauma vem. Quando é contatado pelo seu especialista de investimentos e indagado sobre uma possível diversificação em sua carteira se utilizando de ações, você responde: "Não me fale de ações, Marcelo Coelho. Já tive uma experiência horrível e não quero mais brincar com isso". E você se fecha para um produto de extrema importância para a sua carteira de médio e longo prazo por causa de uma experiência ruim, pois não estava preparado para aquele tipo de operação, não estava munido com as informações corretas e não estava com um tempo destinado só para aquilo. Resultado: você se feriu porque não estava preparado para aquele investimento, e provavelmente não tinha o perfil de investidor necessário para esse produto.

Porém, se você tivesse munido com orientações profissionais, acompanhado de alguns bons fundamentos de longo prazo para as Lojas Renner (não fundamentos para aquele dia, mas para um, dois, cinco anos), estaria mais tranquilo e focaria no seu objetivo maior, que é o futuro. Você teria comprado a empresa pensando no futuro, e amanhã você poderia olhar as ações da Ambev como uma oportunidade de aumentar a carteira quando sobrasse algum recurso em conta, por exemplo. No outro mês, quem sabe, você não avaliaria um pouco de ações do Bradesco no seu portfólio, sempre pensando nos fundamentos sólidos em uma janela de tempo longo. Você não teria se traumatizado e seu planejamento estaria amparado em possibilidades de retornos de longo prazo.

De novo: é redundante, mas é verdade. Para um planejamento financeiro de longo prazo, gosto e acredito no conceito de carteira de longo prazo. E, dentro dessa carteira, você pode realizar ajustes táticos pontuais de posições. Não precisa ter uma carteira estática para sempre. Se você está tendo um rendimento interessante em um determinado ativo e os seus fundamentos não estão mais tão atraentes, a troca é saudável para uma realização de lucro e/ou uma mudança de cenário, partindo para uma ação com expectativas mais positivas. E essas mudanças são comuns, naturais e saudáveis. Mantendo uma carteira, balanceando seus ativos quando necessário, mas mantendo o conceito de carteira e visão de longo prazo, não existe certo e errado. O que existe são objetivos diferentes, prazos de vida diferentes e, principalmente, conhecimentos diferentes sobre determinados produtos por parte dos investidores. Se realizar operações mais curtas para o seu portfólio é um desejo, ok! Está tudo certo. Mas busque informações antes, se eduque para isso e não tire os olhos do seu objetivo maior, que não é um possível lucro obtido no curtíssimo prazo, mas o objetivo maior que está lá na frente, no seu futuro.

Se a minha carteira cair por dois meses, faz parte, elas não andam de forma linear, quando eu olhar no retrovisor daqui a cinco anos, vou perceber que altos e baixos aconteceram, mas valeu a pena o risco que assumi.

Vantagens de se aplicar em ações

Potencial alto de retorno; possibilidade de ser sócio de grandes empresas; retorno a longo prazo; liquidez, prazo de resgate de dois dias; possibilidade de diversificação de ativos com a sua gestão.

Desvantagens de se aplicar em ações

Alto risco; o ideal é que inicialmente seja investido uma quantia maior por conta dos custos operacionais; taxas da instituição financeira (custo de corretagem e custódia) e taxas da B3 (taxa de liquidação e emolumentos[9]). As instituições financeiras podem flexibilizar o custo de custódia e corretora. Pesquise.

Tributação

No mercado acionário, o fato gerador de imposto de renda é a apuração de lucro na venda das ações. Se você não vender as suas ações, ainda não tem lucro concreto e, consequentemente, não tem cobrança de IR. A alíquota de IR é de 15% e você só paga se ultrapassar o valor de venda de ações de R$ 20.000 no mês, regra para pessoa física. Já a alíquota de IR para operações de *day trade* sobe para 20% e é isento de IOF. Para a pessoa jurídica, seguem-se as mesmas alíquotas, a única diferença é que não há isenção, como aquela para pessoas físicas, que podem vender até R$ 20.000 em ações ao longo do mês. Pessoa física e pessoa jurídica são isentas de IOF.

ETF (*Exchange Traded Fund*)

Os ETFs são fundos que buscam replicar um índice de mercado e cujas cotas são negociadas em bolsa de

---

9 Os emolumentos são pagos à bolsa de valores para cobrir os custos operacionais. São percentuais que incidem sobre o valor de cada operação. Você pode consultar a tabela de tarifas da B3 em seu próprio *site*: www.b3.com.br

valores, tal qual as ações. Elas permitem que os investidores comprem uma cesta de ações sem a necessidade de negociar cada uma individualmente, simplificando a possibilidade de diversificação entre diferentes empresas, reduzindo custos também. Essa forma eficiente de se investir em ações vem lentamente ganhando espaço no Brasil nos últimos anos, porém já é largamente usada nos EUA.

As ETFs começaram a ser negociadas nos Estados Unidos em 1993 e hoje correspondem a quase 1/3 de todo o volume das bolsas americanas, somando, no total, mais de US$ 2 trilhões em ativos nos Estados Unidos e US$ 500 bilhões no resto do mundo, de acordo com dados mais recentes. Enquanto isso, os dados de novembro de 2019 mostravam que o mercado de ETFs no Brasil somava R$ 26,58 bilhões, um mercado ainda pequeno se comparado ao dos Estados Unidos, porém com um crescimento significativo nos últimos anos.

Para iniciar com os investimentos em ações, as ETFs podem te ajudar muito. Vamos supor que você quer investir uma parte da sua carteira que te deixe confortável em ações, acreditando no potencial da economia no longo prazo e levando em consideração que é importante ter ações em uma carteira bem diversificada. Porém, você não é um especialista, não quer se aventurar nessas dicas de curto prazo e não sabe exatamente quais empresas comprar. Um passo que te ajudaria, nesse caso, seria comprar uma ETF que seja composta por empresas do Índice Bovespa. Outra opção interessante seria adquirir uma ETF que seja composta por empresas consideradas boas pagadoras de dividendos, ou que representem o setor financeiro ou de consumo, entre outras características. Você estaria comprando uma cesta de ações em um só ativo e com custos bem mais baixos do que se você tivesse que comprar todas as ações individualmente. São inúmeras as opções, depende apenas do seu propósito.

Vantagens de se aplicar em ETFs

Baixo custo; flexibilidade e praticidade no processo de decisão; diversificação em um único ativo; transparência, pois, diferente dos fundos, você sabe em que está investindo; reinvestimento automático dos dividendos.

Desvantagens de se aplicar em ETFs

A tributação é a mesma de fundos de ações, que é um pouco menos vantajosa que a tributação direta em ações devido a não existir a isenção do tributo para vendas até R$ 20 mil dentro de um mês; algumas ETFs ainda sofrem com pouca liquidez; taxas da instituição financeira (custo de corretagem e custódia) e taxas da B3 (taxa de liquidação e emolumentos). As instituições financeiras podem flexibilizar o custo de custódia e corretora. Pesquise.

Tributação

15% sobre o lucro, independente do prazo de aplicação. Isenta de IOF.

BDR (*Brazilian Depositary Receipts*)

O BDR é um certificado emitido por instituições brasileiras que representam valores mobiliários emitidos por empresas em outros países e são negociados na bolsa brasileira, a B3. Por meio dos BDRs você consegue ter acesso às ações das maiores empresas globais e ETFs internacionais mais negociadas no mundo. Assim, ao adquirir um BDR, o investidor investirá indiretamente em uma empresa estrangeira e em um título que segue suas variações.

É uma alternativa para a diversificação de portfólio, pois ele pode ser acessado de forma simples, diretamente pela corretora em que você tem cadastro, sem a necessidade de mandar dinheiro para o exterior.

Como os BDRs representam títulos de empresas estrangeiras, o investidor sofrerá a oscilação da moeda local dessas companhias.

Vantagens de se aplicar em BDRs

Investimento em empresas estrangeiras sem precisar mandar dinheiro para o exterior; flexibilidade e praticidade no processo de decisão; diversificação em ativos internacionais; descorrelação com o mercado nacional; exposição a grandes empresas mundiais; negociação fácil, realizada via bolsa de valores.

Desvantagens de se aplicar em BDRs

Câmbio: ao comprar uma BDR, seu ativo será influenciado pela valorização e desvalorização do real em relação à moeda local dessas companhias; possível falta de liquidez em suas negociações; taxas da instituição financeira (custo de corretagem e custódia) e taxas da B3 (taxa de liquidação e emolumentos). As instituições financeiras podem flexibilizar o custo de custódia e corretora. Pesquise.

Tributação

Uma vez que não configuram investimento no exterior, os BDRs estão sujeitos à legislação brasileira no que se refere à tributação. Isso pode ser uma vantagem quando se observa a carga tributária de outros países. A tributação é de 15% sobre o lucro, e não existe a isenção de até R$ 20.000 como acontece em ações.

Moedas estrangeiras: dólar

Você, como investidor, pode também aplicar em moedas estrangeiras, como o dólar, que abordaremos mais precisamente nesta seção. A operação de dólar pode ser feita via contratos futuros, fundos de investimentos (vamos falar logo mais sobre eles) e até espécie.

Sua cotação funciona de forma parecida com as ações, podendo enfrentar fortes oscilações.

Existem aqueles investidores que podem tentar se beneficiar dessas oscilações em busca de retornos a curto prazo. Porém, entrando no conceito de alocação de investimentos, o dólar pode desempenhar um papel bem importante como um instrumento de defesa para a carteira (*hedge*).[10] O *hedge* da carteira permite que os riscos dos investimentos da carteira sejam amenizados e as oscilações não afetem tão profundamente seus investimentos, mesmo em momentos de incertezas. Investidores utilizam o dólar como forma de proteção contra períodos ruins da economia do país. De certa forma, essa moeda anda na contramão do mercado, então isso justifica a sua valorização em momentos de incertezas.

Se a nossa economia não está bem das pernas, a tendência é que saia recurso do país com a retirada de dinheiro dos estrangeiros, fazendo com que a nossa moeda (real) se desvalorize; por outro lado, o dólar se

---

10 *Hedge* é uma estratégia que consiste em assumir uma posição comprada ou vendida em um derivativo (contratos futuros, opções, termo) ou investimento visando minimizar ou eliminar o risco de outros ativos ("Hedge - O que é e como proteger seus investimentos". *Toro Radar.* Disponível em: https://www.tororadar.com.br/blog/hedge-o-que-e. Acesso em: 27 jan. 2022).

valoriza. Dessa forma, possuir recursos em uma moeda mais forte que a nossa oferece segurança para o capital.

Vantagens de se aplicar em dólar

Proteção para o seu portfólio em momentos de crise, reduzindo riscos de uma carteira de ações, por exemplo.

Desvantagens de se aplicar em dólar

São exigidas grandes quantias para operar dólar em mercados futuros, deixando a possibilidade para os fundos cambiais.

Tributação

Para fundos cambiais, a tributação segue a tabela regressiva, 22,5% sobre o lucro obtido em aplicações de até 180 dias, de 20% em aplicações de 181 a 360 dias, 17,5% em aplicações de 361 a 720 dias e 15% em aplicações superiores a 720 dias. Para fundos, há incidência de IOF. Para operações via contratos futuros, segue tributação de 15% sobre o lucro líquido da operação. Já a alíquota de IR para operações de *day trade* sobe para 20%.

Ouro

O metal precioso é um ativo negociado mundialmente e é tido como uma opção muito segura de investimento por ser considerado um dos ativos mais seguros do mundo. Por isso, em momentos de crise e instabilidade financeira, existe uma fuga de investidores para produtos com essas características de segurança e o ouro é sempre uma opção. O investidor que aplica em ouro não busca uma rápida valorização, mas está focando em segurança e potencial de valorização de longo prazo.

Por ser um ativo cujo preço varia com o tempo, não pode ser considerado um ativo de renda fixa e por isso o coloquei aqui como ativo de renda variável. Vale lembrar que a cotação do ouro no Brasil costuma seguir a dos contratos negociados em Nova Iorque (COMEX) e, portanto, inclui a variação cambial na conta. Então, sempre que o dólar se desvaloriza frente ao real, quer dizer que essa desvalorização irá refletir na nossa cotação do ouro, comprometendo seu desempenho. E quando o dólar se valorizar, essa valorização também será refletida positivamente na cotação do ativo.

Hoje existem fundos de investimentos de ouro que protegem o investidor da oscilação cambial (fundos com *hedge* cambial), fazendo com que somente a oscilação do ouro fique em evidência. O investidor tem algumas formas de se aplicar nesse ativo: via fundos de ouro, contratos futuros de ouro ou até compra do metal físico, que não é muito comum no Brasil.

Vantagens de se aplicar em ouro

Sua cotação tende a ser mais estável do que outros ativos, como moedas; proteção de carteira em momentos de crise; ativo com aceitação mundial; por ser um bem natural finito, não está sujeito a intervenções de governos.

Desvantagens de se aplicar em ouro

Ativo pode ter baixa liquidez em momentos de queda na demanda (físico); se adquirido na forma física, no mercado informal ou também na forma de joias, o ouro exige, ainda, despesas com segurança, além de uma negociação mais complexa, além de possuir menor liquidez; a aplicação não é coberta pelo FGC.

Tributação

Para operações via contratos futuros, os lucros são isentos de imposto de renda até R$ 20 mil; passado esse valor, o tributo é de 15% sobre o ganho. Já a alíquota de IR para operações de *day trade* sobe para 20%. Para fundos de ouro, a tributação segue a tabela regressiva: 22,5% sobre o lucro obtido em aplicações de até 180 dias, de 20% em aplicações de 181 a 360 dias, 17,5% em aplicações de 361 a 720 dias e 15% em aplicações superiores a 720 dias. Tem incidência de IOF.

Fundos Imobiliários (FIIs)

Os fundos imobiliários são a maneira mais moderna de se investir no mercado de imóveis e ter uma renda mensal proveniente dos aluguéis. É uma espécie de condomínio de investidores que reúnem os seus recursos para que sejam aplicados no mercado imobiliário, como imóveis ou ativos financeiros relacionados a esse mercado. O mais comum é que o dinheiro seja usado na construção ou aquisição de imóveis, que depois irão ser alocados ou arrendados. Os ganhos obtidos nessas operações (dividendos/aluguéis) são divididos para os cotistas de acordo com o número de cotas de cada um. O fundo deve distribuir 95% do lucro auferido no semestre aos seus cotistas.

Acaba sendo um instrumento muito interessante para se investir no mercado imobiliário, porque além da possibilidade de se obter ganhos na valorização das cotas, você ainda conta com os recebimentos de dividendos líquidos de Imposto de Renda todo mês. Os dividendos não possuem cobrança de Imposto de Renda, porém o investidor deve pagar IR de 20% sobre os ganhos nas cotas, caso isso aconteça.

Os fundos imobiliários são negociados em bolsa assim como as ações e as ETFs, e por isso passam por risco de oscilação do valor de suas cotas, o que significa que não são ideais para um investidor mais conservador.

Vantagens de se aplicar em Fundos Imobiliários

Baixo investimento inicial; dividendos líquidos de Imposto de Renda para pessoa física; investidor tem acesso a imóveis que não teria como investidor comum; facilidade de se investir em imóveis com menos burocracia; maior liquidez para se desfazer de um fundo imobiliário do que um imóvel.

Desvantagens de se aplicar em Fundos Imobiliários

Risco alto por ser negociado em bolsa; alguns fundos imobiliários possuem baixa liquidez; você não terá controle sobre seu imóvel, sendo apenas um "condômino"; taxas da instituição financeira (custo de corretagem e custódia) e taxas da B3 (taxa de liquidação e emolumentos). As instituições financeiras podem flexibilizar o custo de custódia e corretora. Pesquise.

Tributação

Os dividendos mensais recebidos são isentos de imposto de renda, porém todo o lucro líquido obtido com vendas de cotas sofre a tributação de 20%. Já no caso da pessoa jurídica, a tributação é de 20% para o lucro obtido na valorização de cotas e nos dividendos.

Além das opções anteriores, existem outras opções de investimentos em renda variável mais elaboradas e operações mais estruturadas, como opções em ações, *Long & Short*, mercados futuros, COEs e *commodities*. Todas essas opções necessitam de um conhecimento mais profundo e uma bagagem maior em renda variável para que você decida o que faz sentido ter em seu portfólio ou não. Introduzindo as ações em sua alocação, já é um início importante para a composição de sua diversificação.

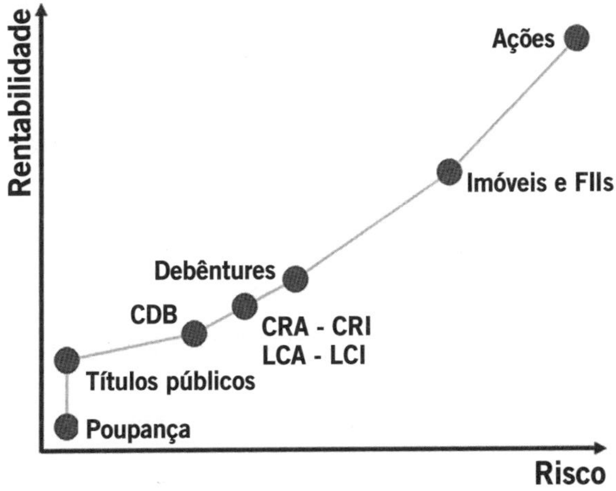

Fundos de Investimentos

Um fundo de investimento nada mais é do que uma carteira de ativos financeiros administrada por um gestor especializado. Em uma carteira de fundo de investimentos pode conter quase todos os tipos de produtos anteriormente citados. Em suma, nada mais é do que você terceirizar a administração dos seus recursos para um gestor, que irá buscar rendimentos maiores para você. Você compra cotas desse "condomínio" e espera que elas se valorizem em troca do pagamento de uma taxa de administração pelo serviço.

"Ah, Coelho, então é fácil! Eu coloco todo o meu dinheiro em um único fundo e o gestor faz todo trabalho para mim. Matei a charada e nem precisaria ter lido tudo até aqui." Você está certo, e, ao mesmo tempo, não. Existem vários tipos de fundos diferentes, com classificações de riscos diferentes, que atuam em mercados diferentes. Então, ter fundos diferentes na carteira é uma forma de diversificação de alocação. Fundos com características distintas é o que fará um trabalho mais assertivo no seu portfólio.

Os fundos são classificados de acordo com a sua composição de carteira, objetivo de rentabilidade e prazo de aplicação e não são cobertos pelo FGC.

Fundos de Investimentos de Renda Fixa

Funciona como uma carteira de investimentos formada por opções de produtos de renda fixa, como LCI/LCA, CDBs e títulos do tesouro. Na prática, esses fundos direcionam no mínimo 80% dos seus investimentos em ativos de renda fixa. Pelo conservadorismo dos ativos, é um fundo que busca seguir o CDI.

Vantagens de se aplicar em fundos de Renda Fixa

Praticidade: não há necessidade de acompanhar os resultados de uma carteira de renda fixa todos os dias; diversificação: é possível aplicar em diferentes ativos em um único fundo; rentabilidade: costuma superar o CDI; gestão profissional.

Desvantagens de se aplicar em fundos de Renda Fixa

Conta com incidência de IR, taxa de administração e, em alguns casos, taxa de performance; não possui garantia de FGC.

Tributação

Para os fundos de longo prazo segue a tabela regressiva: 22,5% sobre o lucro obtido em aplicações de até 180 dias, de 20% em aplicações de 181 a 360 dias, 17,5% em aplicações de 361 a 720 dias e 15% em aplicações superiores a 720 dias. Tem incidência de IOF. Para fundos de curto prazo, segue 22,5% sobre o lucro obtido em aplicações até 180 dias e 20% em aplicações superiores a 180 dias.

O que diferencia um fundo ser de curto ou longo prazo é o tempo médio dos ativos que compõem cada carteira dos fundos. Os de curto prazo possuem títulos com prazo médio igual ou inferior a 365 dias. Já os de longo prazo são aqueles cuja carteira de títulos tem prazo médio igual ou acima de 365 dias. O mais comum no mercado financeiro é encontrar os fundos de longo prazo, então, fique tranquilo, pois os fundos de curto prazo têm uma oferta muito baixa.

Fundos DI

Fundo velho conhecido dos investidores. Também chamado de Fundo de Renda Fixa Referenciado DI, são fundos atrelados ao CDI e têm o objetivo de acompanhar os juros de mercado. Aplicam no mínimo 95% do patrimônio nos títulos públicos do Tesouro (atrelado ao CDI ou Selic), podendo comprar títulos públicos ou privados.

É um investimento de baixo risco, com liquidez diária. Ideal para clientes extremamente conservadores e para aquela reserva emergencial, pois o produto, assim como o CDB, te concede liquidez diária.

Vantagens de se aplicar em fundos DI

Baixo risco; liquidez diária; aplicação inicial baixa.

Desvantagens de se aplicar em fundos DI

Alguns fundos podem ter taxa de administração alta, o que compromete o retorno; rendimento baixo; não possui garantia do FGC.

Tributação

Para os fundos DI, segue a tabela regressiva: 22,5% sobre o lucro obtido em aplicações de até 180 dias, de 20% em aplicações de 181 a 360 dias, 17,5% em aplicações de 361 a 720 dias e 15% em aplicações superiores a 720 dias. Tem incidência de IOF.

Fundos de ações

Os fundos de ações são compostos por ativos de renda variável, como ações, principalmente, e funcionam como os outros fundos: o investidor compra uma cota e, com isso, o patrimônio do fundo aumenta e o montante total é aplicado em lotes de ações de acordo com a estratégia do gestor.

O gestor faz todo o trabalho de aplicações, realocações e análises do fundo, e nesse tipo de produto o gestor tem uma importância bem maior do que em fundos de renda fixa, já que nesse caso os ativos que compõem os fundos de ações são muito mais voláteis. Além disso, saber a hora de entrar e sair de uma ação ou analisar empresas para o futuro requer uma gestão muito mais próxima do que acompanhar os ativos de baixa volatilidade.

Os fundos de ações precisam respeitar uma proporção de investimentos de ter no mínimo 67% do seu valor total aplicado em ações. Já o restante pode ser aplicado em investimentos de renda fixa.

Os fundos de ações são uma oportunidade muito boa para aqueles investidores que querem adicionar ativos com retornos potenciais mais elevados em sua carteira e querem iniciar de alguma forma no mercado de ações, mas, por falta de conhecimento e até mesmo de tempo, não conseguem operar diretamente em bolsa.

Vantagens de se aplicar em fundos de ações

Mais prático que comprar ações direto na bolsa e menos burocrático; gestão profissional: você está delegando a um gestor as decisões da carteira de ações; diversificação: com um valor pequeno, você consegue entrar em uma carteira de ações que sozinho não conseguiria ter acesso.

Desvantagens de se *aplicar em fundos de ações*

Prazo de resgate: geralmente os fundos de ações pedem prazos maiores de resgate do que a venda direta de ações na bolsa; taxa de administração: todo fundo cobra uma taxa pela gestão do fundo e muitos fundos cobram uma taxa de performance sobre o que superar o Ibovespa;[11] não ter controle sobre os ativos que compõem a carteira.

Tributação

Para os fundos de ações será cobrada a alíquota de 15% sobre o lucro obtido em aplicações. Não há incidência de IOF.

Fundos cambiais

São fundos de investimentos que investem em ativos atrelados a moedas estrangeiras. Como ressaltei quando falamos sobre o dólar, são indicados para proteger os seus recursos contra as flutuações de moedas fortes, como o euro e o dólar. O fundo cambial mais comum é o fundo atrelado à variação do dólar.

---

11 O Ibovespa significa Índice da Bolsa de Valores de São Paulo. Ele é o principal indicador de desempenho médio das ações listadas. Basicamente, esse índice é uma carteira teórica de ações que contém os ativos que movimentam os maiores volumes de negociação, algo em torno de 80% do total diário ("Ibovespa: O que é, como funciona, dúvidas comuns [Guia]". *Riconnect*. Disponível em: https://riconnect.rico.com.vc/blog/ibovespa. Acesso em: 27 jan. 2022).

Os fundos cambiais devem investir pelo menos 80% da sua carteira em ativos relacionados a moedas estrangeiras.

Vantagens de se aplicar em fundos cambiais

Proteção da carteira contra a alta de moedas estrangeiras; possibilidade de ganhos elevados com as variações cambiais; diversificação dos investimentos.

Desvantagens de se aplicar em fundos cambiais

Risco elevado, podendo sofrer com as fortes oscilações.

Tributação

Para os fundos cambiais segue a tabela regressiva: 22,5% sobre o lucro obtido em aplicações de até 180 dias, de 20% em aplicações de 181 a 360 dias, 17,5% em aplicações de 361 a 720 dias e 15% em aplicações superiores a 720 dias. Tem incidência de IOF.

Fundos multimercado

Os fundos multimercado, como o nome mesmo já diz, podem ser aplicados em diferentes mercados, como renda fixa, câmbio, ações, entre outros, além de poderem usar derivativos para alavancagem ou para proteção da carteira. O gestor tem uma flexibilidade e uma liberdade maior de gestão e busca oferecer um rendimento mais alto que as aplicações mais conservadoras.

Os fundos multimercado ganharam muita notoriedade nos últimos anos por conta do período que passamos de fortes quedas na nossa taxa básica de juros. Lembrando que estou escrevendo este livro na metade de 2020, quando a taxa de juros se encontra em 3%, sendo que chegamos a ter essa mesma taxa a 14,25%, poucos anos atrás. Essa variação fez com que os rendimentos de renda fixa ficassem extremamente baixos e os investidores se tornassem cada vez mais "curiosos" em busca de retornos maiores. Os fundos multimercados acabaram sendo uma alternativa muito interessante para a diversificação das carteiras, já que eles não têm a mesma exposição de risco que um fundo de ações, por exemplo, mas podem entregar retornos no longo prazo superiores aos produtos de renda fixa. Assim como nos fundos de ações, o gestor tem um papel muito importante nesse tipo de produto, pois é ele que fará as aplicações, resgates e análises dos produtos. Esses fundos irão oscilar no curto prazo, já que o gestor, para te entregar mais retorno que a renda fixa, precisará se expor a mercados de risco. Porém, a ideia é que em um horizonte maior de tempo ele te entregue um retorno consistente superior à renda fixa.

Existem tipos variados de fundos multimercado, tais como: dinâmicos, livres, macro, *trading*, *long and short*, balanceados, investimentos no exterior, e por aí vai. Então, ter uma carteira diversificada com fundos multimercado de diferentes tipos faz todo o sentido para uma boa alocação de carteira.

Vantagens de se aplicar em fundos multimercado

Acesso a uma carteira diversificada em um único produto; gestão profissional especializada; flexibilidade: o gestor não precisa se prender a uma única estratégia e pode mudar rapidamente de aplicação caso perceba que não está funcionando.

Desvantagens de se *aplicar em fundos multimercado*

Prazos de resgates normalmente maiores; podem realizar operações alavancadas e representar uma volatilidade mais elevada (maior risco); não ter controle sobre os ativos que compõem a carteira.

Tributação

Para os fundos multimercado, segue a tabela regressiva: 22,5% sobre o lucro obtido em aplicações de até 180 dias, de 20% em aplicações de 181 a 360 dias, 17,5% em aplicações de 361 a 720 dias e 15% em aplicações superiores a 720 dias. Tem incidência de IOF.

Fundos de inflação

Os fundos de inflação estão na categoria de fundos de renda fixa e, como o nome sugere, são fundos que usam a inflação como referência de rentabilidade. Eles podem ser chamados de Fundos IMA-B

(IMA-B é o índice que demonstra o rendimento do Tesouro IPCA). Portanto, esse tipo de fundo normalmente acaba tendo um resultado muito parecido com o Tesouro IPCA.

Vantagens

O prazo de resgate desse tipo de fundo é baixo; taxas de administração mais baixas que as dos multimercados; possibilidade de ganho acima da média da renda fixa; possibilidade de preservar o poder de compra do seu dinheiro.

Desvantagens

Risco mais elevado; possui taxa de administração; exposto à volatilidade de mercado.

Tributação

Para os fundos de inflação, segue a tabela regressiva: 22,5% sobre o lucro obtido em aplicações de até 180 dias, de 20% em aplicações de 181 a 360 dias, 17,5% em aplicações de 361 a 720 dias e 15% em aplicações superiores a 720 dias. Tem incidência de IOF.

Previdência

Existem muitos fantasmas que assombram os investidores quando falamos de previdência, mas a questão é que por muitos e muitos anos esse produto pode ter sido vendido de uma forma mal compreendida por alguns investidores, que, após algum tempo, buscando informações mais relevantes sobre o produto que tinham em carteira, acabaram identificando que ele não o atendia.

Eu leio muitas coisas de vários "gurus" do mercado que dizem que o produto previdência é horrível e não recomendado, mas tratar o produto dessa forma é ser intransigente demais. Não é plausível dizer que a previdência é um investimento ruim: eu acredito que ele pode ser um produto muito bom para alguns investidores e muito ruim para outros, por isso você precisa entender bem se cabe aos seus objetivos e ao seu perfil antes de contratar. Concordo que esse pode ser um investimento muito ruim para o cliente que não tem o perfil para o produto, mas, por outro lado, pode ser excelente para outro nicho de clientes que busquem vantagens em suas principais características. A questão é oferecer a previdência para clientes com perfil e o cliente entender o produto e avaliar se ele se adequa aos seus objetivos.

A previdência é um assunto extenso o suficiente para se escrever um livro, mas aqui passarei apenas pelas características principais para aumentar um pouco a sua noção sobre o produto. A ideia não é fazer com que você leia este livro e se torne um especialista sobre o produto, mas que você tenha uma base.

A previdência privada nada mais é que um fundo de investimentos com a natureza de longo prazo. É uma forma de complementar os rendimentos da sua aposentadoria ou acumular dinheiro para projetos futuros. Antigamente, os planos de previdência eram muito engessados, naturalmente conservadores, sem muitas opções de características e com taxas mais altas. Hoje o mundo de previdência está muito mais atraente para o investidor: você consegue aplicar tanto em planos de renda fixa como em multimercado e até em planos de ações. Tem para todos os gostos. Então, se você pretende acumular recursos para ter um complemento de renda na sua aposentadoria, ou até mesmo abrir um plano de previdência para custear a faculdade do seu filho que acabou de nascer, a previdência atende a esses objetivos com planos de diferentes características, atendendo a todos os perfis.

A previdência está disponível em duas modalidades: o **PGBL** tem o objetivo de acumular o valor investido e é o mais indicado para investidores que fazem a declaração completa de IR, pois essa modalidade te concede benefício fiscal, no qual o investidor pode deduzir da sua base de cálculo do IR os valores com os quais contribuiu em PGBL até o limite de 12% de sua renda bruta tributável. Com isso, você tem uma vantagem tributária, podendo reduzir seu imposto a pagar ou ter aumento em seu valor a restituir.

Exemplo: caso você ganhe R$ 100 mil por ano de renda tributável e contribua com R$ 12 mil (12%) em um PGBL, esses R$ 12 mil são abatidos da sua renda tributável, fazendo com que você seja tributado apenas sobre o valor já descontado das suas contribuições de PGBL (R$ 88 mil). Em caso de resgate do PGBL, o IR é cobrado sobre o valor total resgatado, ou seja, você tem o benefício fiscal em sua declaração de IR, porém, no resgate, você terá incidência sobre o valor integral.

No caso do **VGBL**, ele também tem como objetivo a acumulação do valor investido para longo prazo, mas suas contribuições feitas não são dedutíveis da sua base de cálculo do IR. Porém, em caso de resgates, você terá incidência de IR somente sobre o seu ganho de capital.

PGBL	X	**VGBL**
• Indicado para quem faz a declaração do IR no modelo completo. • As contribuições podem ser deduzidas até 12%. No saque a tributação será sobre o valor inteiro recebido.		• Indicador para quem faz o IR pelo modo simplificado. • No saque, o imposto será apenas sobre os rendimentos.

Você pode contribuir com os 12% da sua renda no PGBL, garantir um abatimento em seu IR e realizar alocações extras em seu VGBL visando garantir um patrimônio ainda maior com o passar dos anos.

Vantagens de se aplicar em previdência

Existem algumas vantagens de se alocar recursos em previdência privada e o principal deles é a sucessão patrimonial, na qual, caso você venha a falecer, os recursos alocados nos planos de previdência passam para os herdeiros sem que seja necessário passar por um inventário. Essa é a principal vantagem do produto, e é por isso que é o mais visado pelos clientes que aplicam em previdência.

Flexibilidade de mudar de plano quando quiser é outra vantagem: você pode realizar uma portabilidade de um plano para outro, com características distintas ou com uma melhor taxa de administração, a cada sessenta dias. Você tem a possibilidade de até portabilizar o seu plano de previdência para outra instituição financeira, te permitindo uma flexibilidade de se adaptar ao cenário atual e não ficar preso a uma instituição financeira. Uma vantagem que eu reforçava bastante com os clientes era o incentivo à poupança: na previdência você pode realizar aportes automáticos mensais, direcionando parte da sua renda automaticamente para o produto. Ainda com a possibilidade de em um determinado momento no futuro transformar esse plano em uma renda mensal, ou seja, você tem a opção de solicitar que o banco te pague por um período determinado (normalmente dez anos) uma quantia que irá depender do seu acumulado até então. Por mais que não seja mais um instrumento muito utilizado pelos clientes, você precisa saber que essa opção existe. Caso você nunca opte por transformar o seu plano em renda mensal, ele permanecerá como um fundo de investimentos em previdência tal como chegou até ali e, com isso, nada muda.

Existem dois modelos de tributação, tabela progressiva e regressiva, que você pode escolher da forma que melhor te atenda. Na tabela regressiva, é possível chegar em uma alíquota de 10% se o investimento for mantido por, no mínimo, dez anos, característica que os fundos de investimentos também não possuem.

Outra vantagem é que na previdência você não tem o come-cotas,[12] fazendo com que você não precise "adiantar" uma parcela do imposto de renda ao governo. Isso faz também com que os juros aumentem e te proporcionem um rendimento maior no longo prazo.

---

12 Come-cotas: recolhimento semestral do IR incidente sobre os rendimentos obtidos nas aplicações em fundos de investimentos de longo e curto prazo. É como se a Receita Federal realizasse um "resgate compulsório" do imposto devido (CAMARGO, Harion. *Apostila de investimentos*, p. 244. Disponível em: https://www.harioncamargo.com/pdf/apostila_investimentos_porHarionCamargo.pdf).

Desvantagens de se aplicar em previdência

Além das taxas de administração que todos os fundos possuem, você pode estar sujeito a outras cobranças, a depender do emissor. Alguns planos ainda cobram uma taxa de carregamento, solicitada na entrada do plano e/ou na saída, embora não seja uma cobrança usual. Os planos de previdência trabalham com períodos de carência de resgate e são elevados.

Tributação

Para os planos de previdência, existem duas tabelas que você escolhe no ato da contratação:

Progressiva X **Regressiva**

Benefício recebido (R$)	Alíquota (em %)	Dedução (em R$)
Até 1.499	Isento	–
1.499 até 2.247	7,5	112,43
2.247 até 2.996	15,0	280,94
2.996 até 3.743	22,5	505,62
Acima de 3.743	27,5	692,78

Tempo de acumulação dos recursos	Alíquota (em %)
Até dois anos	35
Dois a quatro anos	30
Quatro a seis anos	25
Seis a oito anos	20
Oito a dez anos	15
Mais de dez anos	10

Caderneta de poupança

Não foi por acaso que deixei a poupança como última modalidade de investimento. Ela é, sim, a menos importante, e meu intuito foi exatamente colocá-la como última opção de investimento por essa razão.

A poupança é um dos investimentos mais tradicionais, se não for o mais, por conta da segurança e pelo fato de ser um investimento isento de IR, mas seus rendimentos não são nada atraentes. A rentabilidade é definida pelo Banco Central, então a poupança de qualquer instituição financeira sempre terá o mesmo retorno.

Segundo dados do Banco Central de 2019, 158 milhões de pessoas aplicavam na poupança parte de seu capital, se não todo. Isso representa 75% da população. Não posso afirmar aqui que 75% da população esteja errada, mas acredito que falte informação sobre alternativas que também sejam seguras e mais vantajosas com retornos superiores.

"Nossa, sabichão, você menosprezou esse tipo de investimento que 75% da população brasileira utiliza, deixando-o por último no seu livro magnifico? Que abuso!" A regra atual da poupança diz que ela rende 70% da Selic + TR ao mês enquanto estiver abaixo de 8,50%. No período de escrita deste livro (maio de 2020), estamos com a Selic a 3% ao ano, ou seja, a poupança está com rendimento próximo de 2,10% ao ano, sendo que a inflação do país está próxima de 3% no atual cenário. Quer dizer que você estaria perdendo dinheiro aplicando na poupança, pois a inflação está maior que o seu rendimento. Eu sei que com uma taxa de juros mais baixa fica mais difícil encontrar rendimentos em renda fixa que sejam muito superiores, mas eles existem! Com uma carteira diversificada, existem produtos mais atrativos com características semelhantes.

> *"Quantos milionários você conhece que viraram ricos investindo em poupança? Caso encerrado."*
>
> Robert G. Allen, autor de *best-sellers* do *The New York Times* sobre finanças pessoais

Vantagens de se aplicar em poupança

Praticidade; liquidez, garantia do FGC e isenção de IR e IOF para pessoa física.

Desvantagens de se aplicar em poupança

Baixo rendimento; rendimento somente no aniversário, embora você possa resgatar o dinheiro a qualquer momento, se resgatar antes do aniversário seu rendimento do período vai para o espaço.

Tributação

Isento de IR para pessoa física. Já para PJ, incide a alíquota de 22,5% sobre os rendimentos.

Todos os produtos citados podem ser encontrados com facilidade nas principais instituições financeiras, sendo elas bancos ou corretoras de valores. Os produtos de renda variável com negociação em bolsa precisam necessariamente ser negociados no ambiente de corretora, porém, como os grandes bancos possuem esse serviço, você não terá dificuldades e conseguirá centralizar todos os investimentos na mesma instituição. Se tiver dúvida, consulte os serviços que a sua instituição financeira oferece.

Alocando meu dinheiro

Falamos da importância de pensar em alocação de carteira, ganhando muito em redução de risco com diversificação de carteira, e destacamos as particularidades de cada tipo de produto. Passar pelos produtos pode ter deixado o capítulo um pouco enfadonho, mas os melhores investimentos são chatos e de longo prazo.

Vamos fazer um *checklist* de pontos importantes na montagem de uma carteira de investimentos pelos quais todos precisamos passar:

- Saber o conceito de uma carteira de investimentos;
- Conhecer os tipos de investimentos;
- Entender o seu perfil de investidor;
- Entender os prazos para o seu investimento, separando os seus objetivos em curto, médio e longo prazo;

- Entender a importância da diversificação e, claro, diversificar;
- Montar sua carteira, dividindo-a em percentuais;
- Acompanhar a evolução da carteira de forma frequente;
- Estar de mente aberta para reavaliar a carteira de tempos em tempos.

Acredito que, com isso, consegui passar por todos os pontos. Agora podemos seguir adiante. Como ressaltei nos capítulos anteriores, o marco zero do seu planejamento é conseguir usar o seu orçamento de uma forma mais planejada, ganhando qualidade no seu consumo e deixando o seu orçamento pessoal mais leve, bem como eliminando exageros para conseguir sobras (leia-se "exageros"), não deixar de viver e se livrar de supérfluos, reduzindo gastos desnecessários.

O próximo passo para uma alocação de carteira é formar a sua reserva de emergência, aquele valor que você reservará com liquidez diária para que tenha mais tranquilidade para enfrentar possíveis momentos adversos que te peguem de surpresa e tenha uma fonte de reserva. Uma perda de emprego, uma viagem às pressas, uma cirurgia, uma pandemia como a da covid-19, em que você é pego de surpresa com a perda do emprego ou com uma redução salarial, são tipos de surpresas não muito agradáveis que podem acontecer, e você precisa estar preparado para isso. Ela é importante até mesmo de uma forma positiva se, por exemplo, você tem um gasto recorrente como a mensalidade da escola do seu filho e, em uma negociação com a diretora do colégio, consegue um desconto de 25% caso você pague de uma só vez as parcelas de um semestre todo. Olha que maravilha é o poder de barganha! Se você tem uma reserva de emergência, tem de onde tirar esse valor e consegue se aproveitar dessa vantagem e pode recompor a sua reserva de emergência de novo ao longo do próximo semestre.

Alguns manuais sugerem que você guarde seis vezes o valor correspondente aos seus gastos fixos mensais para uma boa reserva emergencial. Por outro lado, eu já li algumas sugestões de outros "gurus de mercado" de que guardar o equivalente a um mês dos seus gastos fixos mensais seria o suficiente para uma reserva de emergência. Eu acho que guardar seis vezes é bem prudente, mas pode ser muito, já que se trata de uma parcela extremamente conservadora e com rendimento prejudicado. Por outro lado, fazer uma reserva de apenas um mês me parece ser muito pouco. Acredito estar de bom tamanho reservar três ou quatro vezes os seus gastos fixos mensais em uma reserva emergencial. Exemplo: se você tiver gastos fixos mensais na casa de R$ 5 mil por mês, você deve reservar R$ 15 mil ou até R$ 20 mil para isso, e, assim, terá mais segurança para enfrentar adversidades. Esse é o primeiro passo.

Lembrando que não existe certo e errado e que essa receita é individual. Cada um sabe o tanto de farinha que coloca no seu bolo. Já tive clientes que juravam de pé junto que ter um mês dos seus gastos fixos mensais guardado era o suficiente e que o restante poderia alocar em investimentos com prazos maiores. Já outros clientes se sentiam mais confortáveis deixando nessa reserva dez vezes o que gastava por mês e que somente com uma reserva desse tamanho estariam tranquilos. Tudo certo para os dois casos. De novo: o papel do assessor é mostrar os caminhos e as sugestões, mas sua decisão é a que vale.

Eu posso chamar essa formação de reserva emergencial de primeira sugestão de carteira, indicada para quem ainda não possui essa posição formada. Aqui, o Tesouro Selic (lembra? É aquela letra do Tesouro pós-fixado, então não haverá oscilação negativa), um CDB DI ou um Fundo DI irão te atender perfeitamente nessa construção da reserva, pois são produtos que te darão liquidez diária e são produtos com os quais você não terá exposição de risco para essa parcela. Só tome cuidado com as taxas de administração dos Fundos DIs, pois se a taxa for muito alta irá comprometer o seu rendimento. Pesquise as possibilidades antes.

Vamos exemplificar três modelos de carteiras de diferentes perfis.

Case 1

Nuno tem trinta anos de idade. É um cara bonito e muito charmoso atrás de um belo par de óculos com *design* de tartaruga, além disso é sempre muito estudioso e se destaca pela inteligência. Filho de Marcelo Coelho e Juliana Coelho, trabalha em uma *startup* de games portuguesa e ganha R$ 6 mil por mês. Aos dezoito anos recebeu dos seus pais, muito precavidos, um montante acumulado ao longo desses anos no valor de R$ 70 mil. Nesses doze anos, ele usou parte desse recurso para custear as suas despesas universitárias e aos poucos foi conseguindo juntar mais um pouco, chegando aos seus trinta anos com um montante de R$ 100 mil. Seus gastos fixos mensais somam R$ 5 mil.

Voltando no tempo: após o nascimento do Nuno, seus pais resolveram guardar uma quantia de R$ 220 todo mês em aportes em uma previdência destinada ao querido filho para que ele pudesse ter um suporte para o pagamento de seus estudos aos dezoito anos.

> IMPORTANTE: Esses R$ 220 aportados durante todos os 216 meses (dezoito anos), com uma rentabilidade bruta média de 0,42% ao mês, resultaram em um valor líquido próximo de R$ 70 mil. Graças ao planejamento financeiro dos pais do Nuno, com objetivo de longo prazo, destinando aportes mensais, o valor fez diferença lá na frente. Palmas para esse belo casal e agradecimentos do Nuno!

Nuno tem objetivos de longo prazo e acredita ser importante uma reserva emergencial para se precaver em problemas futuros. Agora com um montante um pouco maior, acha que chegou a hora de melhorar um pouco seus investimentos, mas, por outro lado, se coloca como totalmente conservador: prefere adotar a segurança em seu modo de vida e com seu dinheiro do que correr riscos além da conta. Porém, aceita ir ao limite do seu perfil para melhorar seu portfólio, já que mesmo com todos os conselhos do seu pai, ainda mantém os seus recursos na poupança. Nuno preencheu o *suitability* da instituição financeira com a qual possui relacionamento e o resultado foi "perfil conservador", indo de encontro com o seu sentimento.

Qual seria uma opção de carteira para esse perfil conservador do Nuno?

Conservador			
Gastos	**Investimentos**		
R$ 5.000,00	R$ 100.000,00		
	Distribuição	Classificação	%
Reserva emergencial sugerida: R$ 15.000,00 (3 x os gastos mensais)	R$ 85.000,00	Pós-fixado	85%
	R$ 5.000,00	Inflação	5%
	R$ 10.000,00	Fundos multimercado	10%

Carteira conservadora

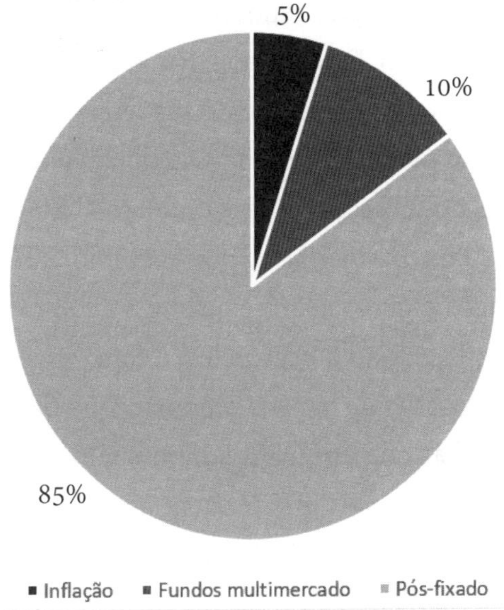

Alguns comentários: para um perfil conservador, uma opção de carteira seria concentrar grande parte do valor em investimentos de renda fixa pós-fixados, que, no caso, seria de 85%, parcela que poderia ser composta por CDB DI, Tesouro Selic ou um fundo DI, formando com folga a parcela da reserva de emergência e mantendo o foco na preservação do capital.

A carteira pode ser composta também com uma parcela de 5% em produtos atrelados à inflação, como fundos de inflação ou Tesouro IPCA, mantendo o poder de compra de parte do capital de Nuno, e ainda contar com uma parcela de 10% em fundos multimercado, que pelo interesse dele em melhorar alguma coisa em seu rendimento total, pode fazer sentido como incremento de potencial de retorno. Dessa forma, Nuno teria uma carteira ainda conservadora, respeitando sua reserva emergencial e com maior potencial de ganhos no longo prazo.

Você pode estar se perguntando: "Mas existem CDBs de bancos menores, por exemplo, com prazos mais longos e que pagam mais que o CDB de liquidez diária. Por que não alocar neles?". Sim, você está certo! Mas os CDBs de bancos menores, que pagam taxas mais robustas que um CDB DI, possuem risco de crédito maior, por mais que tenham a garantia do FGC. Pelo perfil conservador do Nuno, a sugestão mais confortável seria o CDB DI. Esse tipo de produto se encaixa melhor em perfis acima do conservador.

Case 2

Nuno tem trinta anos de idade, um cara descolado que chama atenção por onde passa. Gosta de *indie rock* e viagens para lugares alternativos. Filho de Marcelo Coelho e Juliana Coelho, é curioso desde pequeno, sempre se interessando pela leitura e pelo universo do cinema. Hoje trabalha como editor de cinema de filmes portugueses em um escritório localizado em São Paulo, que presta serviço para a terra de Cabral. Aos finais de semana, trabalha de *freelancer* editando clipes de fados portugueses para uns contatos de seu empregador. As suas duas fontes de renda são em reais e somam na média R$ 6 mil por mês.

Também recebeu aos dezoito anos dos seus pais, muito precavidos, um montante acumulado ao longo desses anos no valor de R$ 70 mil. Nesses doze anos, ele usou parte desse recurso para custear as suas despesas universitárias e comprar alguns materiais de edição, e aos poucos foi conseguindo juntar mais um pouco aqui e um pouco ali, chegando aos seus trinta anos com um montante de R$ 100 mil. Seus gastos fixos mensais somam R$ 5 mil.

Nuno tem planos de se mudar para Portugal daqui cerca de dez anos e montar um estúdio próprio por lá. Acredita ser muito importante ter uma reserva emergencial para se precaver de problemas futuros e se aproveitar de possíveis barganhas de materiais de seu trabalho. Ele entende que chegou a hora de deixar esse descaso com o seu dinheiro de lado e está curioso para conhecer novas opções de investimentos que possam trazer mais rendimentos, porém sem muito risco. Quer entender e abrir mão de um pouco de conservadorismo, mas não se expondo totalmente ao risco.

Nuno preencheu o *suitability* da instituição financeira que possui relacionamento, e o resultado foi "perfil moderado", indo de encontro ao que ele acredita. Qual seria uma opção de carteira para esse perfil moderado do Nuno?

Moderado			
Gastos	**Investimentos**		
R$ 5.000,00	R$		100.000,00
	Distribuição	Classificação	%
Reserva emergencial sugerida: R$ 15.000,00 (3 x os gastos mensais)	R$ 48.000,00	Pós-fixado	48%
	R$ 10.000,00	Inflação	10%
	R$ 20.000,00	Fundos multimercado	20%
	R$ 10.000,00	Renda variável	10%
	R$ 2.000,00	Fundos imobiliários	2%
	R$ 10.000,00	Fundos internacionais	10%

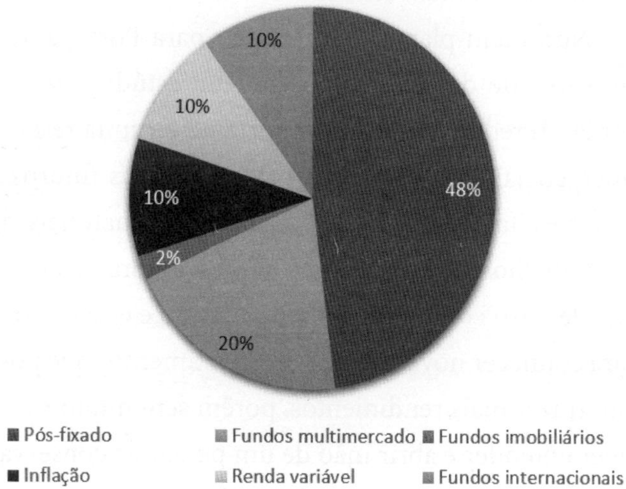

Comentários: para um perfil moderado, já conseguimos "surfar" em novas classes de ativos, aumentando a diversificação e nos aventurando um pouco em busca de mais retornos.

Nesse modelo de carteira, mantivemos a parcela pós-fixada, que pode ser composta por CDB DI, Tesouro Selic ou por um Fundo DI. Como se trata de um perfil moderado, caberia ainda para essa parcela a alocação em CDBs de bancos menores, com prazos mais longos, mas com taxas mais robustas, sem esquecer, no entanto, de respeitar a parcela de R$ 15 mil em um produto pós-fixado com liquidez, compondo a parcela de reserva emergencial do Nuno. Perceba que reduzimos o percentual de pós-fixado para que pudéssemos agregar recursos em outras classes que possam trazer mais frutos.

Aumentamos a parcela de inflação da carteira para 10%, fazendo com que Nuno possa aplicar em fundo de inflação ou Tesouro IPCA, mantendo o poder de compra de parte do capital dele. Aumentamos também a parcela de fundos multimercado para 20%, expandindo o potencial de retorno com fundos que possuem flexibilidade de atuar em diferentes mercados. Nuno poderia diversificar em pelo menos dois fundos multimercado com características distintas.

No perfil moderado, é possível inserir na sugestão de carteira a parcela de renda variável, que pode ser via fundos de ações, compra de ações direta na bolsa ou ETFs de renda variável que replicam índices de bolsa como BOVV11, BOVA11 ou PIBB11. Essa parcela de 10% será o "tempero" na busca de um maior retorno acumulado no longo prazo.

Além disso, conseguimos, já no perfil moderado, aumentar ainda mais a diversificação de carteira com duas características de produtos diferentes: fundos imobiliários com 2%, trazendo dividendos mensais, isentos de IR, para a carteira, além da possibilidade de ganho no valor das cotas com um crescimento do mercado imobiliário, com a classe de produtos internacionais em 10%, que além de servir como proteção da carteira, é fundamental para a diversificação de Nuno em outros mercados globais, aspirando também aos rendimentos em outras moedas, mais fortes que o real. Aqui, ele pode alocar em fundos internacionais, que, assim como os multimercados, podem alocar em renda fixa e/ou renda variável, com ou sem exposição cambial, dependendo da característica do produto. A sugestão é diversificar essa parcela em pelo menos dois produtos distintos. Dessa forma, Nuno teria uma carteira moderada com quase metade dos seus recursos em produtos pós-fixados, mas com uma diversificação em classes diferentes, o que faria diferença no potencial de retorno de longo prazo.

Case 3

Nuno tem trinta anos de idade, é formado em administração de empresas, filho de Marcelo Coelho e Juliana Coelho, e desde pequeno se provou muito explorador e aventureiro. Destemido, sempre foi praticante de esportes radicais, começando logo cedo os seus pulos no paraquedismo, *hobby* semanal que não abandona de forma alguma. Com uma veia empreendedora, está sempre em projetos diferentes ao mesmo tempo, sempre tentando uma coisa nova aqui e outra ali, visando acertar suas metas. Em uma das suas últimas empreitadas, criou uma hamburgueria no centro de São Paulo, se aproveitando da recente escalada de reciclagem na noite paulistana. A hamburgueria conta com uma carta de cervejas artesanais, cortes defumados e *blends* diferenciados de carnes, inspirados em sua passagem de dois anos por Nova Iorque. Seu negócio está totalmente quitado e sem dívidas. Nuno divide um apartamento com outros dois amigos no bairro da República e tem planos de expandir o seu negócio, no futuro, para o Bairro Alto, bairro boêmio de Lisboa (Portugal), caso alguma outra aventura não brilhe os seus olhos.

Nuno possui uma conta de pessoa jurídica, na qual concentra os recursos provenientes de seus negócios, mantendo sua conta física e seus planos para esses recursos totalmente apartados. Enquanto seus outros projetos ainda são embrionários e não comprometem a sua renda mensal, sua hamburgueria lhe rende uma média de R$ 6 mil por mês.

Por coincidência ou não, também recebeu aos dezoito anos dos seus pais, muito precavidos, um montante acumulado ao longo desses anos no valor de R$ 70 mil. Nesses doze anos, ele usou parte desse recurso para custear as suas despesas universitárias e as suas tacadas de novos negócios. Mantendo sempre as suas finanças pessoais apartadas de seus projetos, conseguiu guardar algumas sobras em sua conta de pessoa física, acumulando R$ 100 mil. Seus gastos fixos mensais somam R$ 5 mil.

Nuno é um bom entendedor do mercado financeiro, e quando lhe resta tempo, se aventura em algumas pequenas operações de bolsa, porém não de forma consistente. Ele sabe bem apartar sua vida financeira de seus negócios e quer dedicar mais atenção para esse recurso próprio, sem planos de mexer nesse valor pelos próximos vinte ou trinta anos. Seu plano, por hora, é aumentar seu patrimônio de forma considerável, deixando de realizar operações curtas na bolsa, que só tomam o seu tempo, e deseja concentrar seu dinheiro em uma carteira consistente de longo prazo. Em suma, ele deseja uma carteira que maximize os seus ganhos de forma agressiva, e, assim como em seus negócios, está ciente dos riscos que pode correr e se sente confortável dessa forma.

Nuno preencheu o *suitability* em uma das instituições financeiras em que possui relacionamento e o resultado foi "perfil agressivo", indo de encontro com o que ele acredita. Qual seria uma opção de carteira para esse perfil agressivo do Nuno?

Agressivo			
Gastos	Investimentos		
R$ 5.000,00	R$		100.000,00
	Distribuição	Classificação	%
Reserva emergencial sugerida: R$ 15.000,00 (3 x os gastos mensais)	R$ 15.000,00	Pós-fixado	15%
	R$ 10.000,00	Inflação	10%
	R$ 20.000,00	Fundos multimercado	20%
	R$ 30.000,00	Renda variável	30%
	R$ 5.000,00	Fundos imobiliários	5%
	R$ 20.000,00	Fundos internacionais	20%

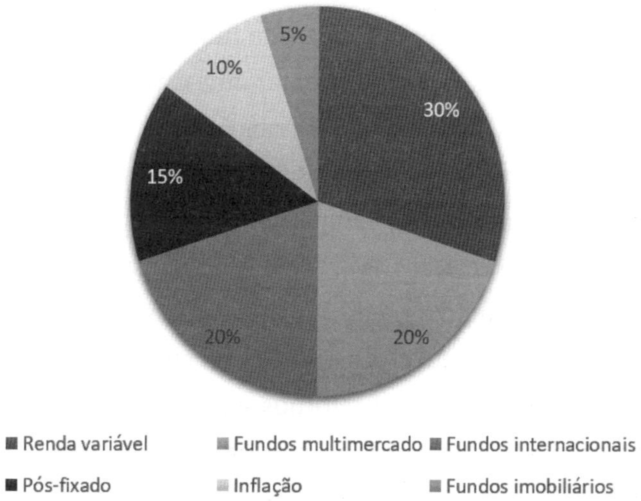

Comentários: em uma opção de carteira mais agressiva, conseguimos pulverizar mais os percentuais nas principais classes de ativos. A carteira do Nuno contará com a mesma gama de produtos da carteira sugerida moderada, porém com percentuais mais acentuados nas classes de risco, aumentando o potencial de retorno e, claro, consequentemente, também o risco do portfólio.

Reduzimos a parcela pós-fixada para que ela corresponda somente à reserva emergencial de Nuno, o que, nesse caso, é equivalente a 15% do capital, diluindo essa diferença basicamente em Renda Variável, Fundos Imobiliários e Fundos Internacionais. Mantivemos a parcela de produtos atrelados à inflação em 10% e de Multimercados em 20%. Na parcela de Renda Variável, aumentamos de 10% para 30%, o que dará a Nuno mais possibilidade de diversificação em fundos de características diferentes, ou até de montar uma carteira de ações mais diluída. Nos Fundos Imobiliários, a parcela aumentou para 5% e nos fundos internacionais subiu para 20%, aumento também importante, dando possibilidades de diversificação maiores em fundos distintos.

Assim, Nuno teria uma carteira agressiva e bem diversificada, suscetível a oscilações no curto prazo, mas consistente para buscar retornos superiores no médio e longo prazo. Quando aplicamos em uma carteira com ativos de renda variável, é preciso de tempo de maturação, aguardar entre 18 e 24 meses, olhar no "retrovisor" e avaliar se fez sentido o risco tomado ou não.

"Que legal, Coelho. Irei comprar o meu apartamento em seis meses, mas antes disso irei falar com meu gerente e pedirei uma carteira agressiva, conforme o meu perfil, e depois destinarei os recursos para o imóvel." Não faça isso, sério! Escuta aqui, por favor! Quer dizer, LEIA AQUI!

É importante lembrar uma coisa: durante a leitura deste livro, destaquei bastante o planejamento de médio e longo prazo e o conceito de "O que você quer TER quando crescer", e assim as carteiras estão formadas, sempre priorizando a parcela de liquidez para possíveis emergências. Se você se encontra em um momento de vida com expectativa de utilizar grande parte ou todo o seu recurso no curto prazo, a situação muda de figura. Você deve priorizar investimentos de curtíssimo prazo, como a opção de carteira emergencial com as opções de Tesouro Selic, CDB DI e Fundos DI para que consiga sair com facilidade das aplicações sem fortes emoções. Não faz sentido se colocar em posições arriscadas se você está perto de usar o dinheiro.

A questão do tempo é muito importante nesse balanceamento de percentuais. Se você tiver planos de curto prazo, avalie reduzir outras posições, aumentando a sua parcela em pós-fixado a um ponto que, quando utilizar o recurso pretendido, você ainda mantenha a sua reserva emergencial, ou de forma que consiga recompô-la com facilidade.

E, como entrei nesse assunto de balanceamento, vale a pena ressaltar a importância dessa estratégia. É claro que, dependendo do seu momento de vida e do cenário atual, você pode reavaliar os seus percentuais para que eles te deixem mais confortável ou até mesmo sejam mais aderentes ao cenário econômico. Por outro lado, um ponto importante é o acompanhamento periódico da sua carteira para checar se os percentuais alocados no estágio inicial de sua carteira não foram alterados, e se isso aconteceu, você deve ajustá-los. Exemplo simples: digamos que nosso Nuno agressivo montou sua carteira bonitinha com todas as divisões certinhas, inclusive os 30% em renda variável. Durante os próximos doze meses da carteira do Nuno, tivemos uma recuperada fenomenal da economia e uma estabilidade do cenário político, fazendo com que a parte de renda variável do Nuno subisse 40% e cada uma de todas as outras classes de ativos renderam 5% nos doze meses. Como ficaria essa carteira depois de doze meses?

Investimentos					
R$					**100.000,00**
Distribuição	Classificação	Distribuição inicial	Rendimento 12 meses	Carteira após rendimento	Distribuição após 12 meses
R$ 15.000,00	Pós-fixado	15%	5%	R$ 15.750,00	14%
R$ 10.000,00	Inflação	10%	5%	R$ 10.500,00	9%
R$ 20.000,00	Fundos multimercado	20%	5%	R$ 21.000,00	18%
R$ 30.000,00	Renda variável	30%	40%	R$ 42.000,00	36%
R$ 5.000,00	Fundos imobiliários	5%	5%	R$ 5.250,00	5%
R$ 20.000,00	Fundos internacionais	20%	5%	R$ 21.000,00	18%

Olhando a tabela acima, percebemos como a carteira final ficou com percentuais de alocação distorcidos em comparação com a carteira inicial, principalmente na renda variável, que estava em 30% na carteira inicial, mas que, com o forte rendimento do ano, passou a compor 36% da carteira como um todo, elevando ainda mais o risco da posição. Nesse caso, estamos falando do Nuno agressivo, mas se isso ocorresse em um perfil moderado, essa distorção poderia elevar o grau de risco da carteira a um ponto de deixar o Nuno moderado desconfortável. O que fazer?

O recomendado é reduzir a parcela de renda variável, que extrapola os 30% sugeridos, realocando nas demais classes que ficaram defasadas a ponto de balancear novamente a carteira para a divisão percentual inicial. Nesse caso, também seria interessante pensar pela lente de estar saindo de ativos com forte valorização (vendendo melhor).

O inverso também pode acontecer quando sua parcela de renda variável tiver forte desvalorização, fazendo com que você passe a ter uma parcela percentual menor do que a estratégia inicial sugere. Com o rebalanceamento da carteira, você sairia de outros ativos que tiveram valorização e ultrapassaram os seus devidos percentuais de alocação, comprando mais renda variável para balancear os percentuais em um momento de compra mais favorável (comprando com valores mais acessíveis).

Caso se identifique com as vantagens de montar uma carteira de previdência, como as alocações no PGBL para ter o benefício fiscal ou até mesmo para fins de sucessão patrimonial, você também consegue realizar uma diversificação de acordo com o seu perfil em planos de renda fixa, multimercado, inflação e até ações. Hoje as opções de produtos para previdência são grandes. As opções de modelos de carteiras são para que você perceba que novos caminhos são possíveis, que existe vida além da poupança e daquele fundo que você aplicou há cinco anos e nem sequer sabe qual a taxa de administração e muito menos o retorno.

Não tenho a intenção de fazer com que você reproduza na vírgula uma dessas opções para cada tipo de perfil. Longe disso: a minha intenção sempre foi mostrar que as cartas estão na mesa e que todos podem jogar. Abra os seus olhos para o início de um planejamento financeiro, com gastos mais eficientes, e para um novo conhecimento sobre as possibilidades de investimentos que existem mundo afora, sobre a possibilidade de você poder ganhar mais com mais conhecimento, planejamento, visão de longo prazo. Abra os seus olhos para os seus objetivos.

Existe uma infinidade de opções em várias instituições financeiras e prateleiras recheadas de produtos de todos os tipos. O que você precisa avaliar são os seus objetivos e até onde você quer ir, até onde você pode ir, qual o seu limite de risco.

Ao leitor

Bom, vou chegando ao final dessa grande aventura e te agradeço por ter chegado até aqui comigo.

Espero ter conseguido passar um pouco da importância de se educar financeiramente, da importância de iniciar hoje um bom planejamento financeiro, com muito foco e energia, pensando no amanhã. Que agora, entendendo melhor os riscos, as possibilidades de retorno e os prazos de resgate tenha ficado mais fácil identificar o seu tipo de perfil de investidor e em qual ciclo financeiro você se encontra. Que depois disso tudo, com mais conhecimento e segurança, eu tenha te ajudado a passar um pouco sobre os tipos de produtos, e que, mesmo com o meu hábito de ser repetitivo, eu tenha conseguido esclarecer alguns pontos, que acredito serem fundamentais, para você. Espero que você tenha saído um investidor melhor, um leitor-investidor melhor.

Em diferentes restaurantes (leia-se diferentes menus) existem diferentes pratos, mas se você irá prová-los ou não é decisão sua. Talvez você peça somente uma entrada levemente apimentada, quem sabe. Ou talvez você goste dos novos sabores, que podem ser introduzidos em seu dia a dia aos poucos. Vão existir momentos na vida em que uma canja vai cair bem, ou que a combinação de um velho arroz com feijão, com pouco tempero, vai te trazer mais conforto, e vão existir momentos em que você vai experimentar novos sabores.

Se permita conhecer os novos restaurantes, os novos pratos, os novos temperos. E se não quiser provar, está tudo certo, mas saiba que eles existem!

Se permita conhecer, se permita pensar em um amanhã com mais tranquilidade.

Mire no longo prazo, que, assim, você irá colher frutos.

E se momentos de falta de disciplina te dominarem, pergunte a si mesmo: "O que você quer TER quando crescer?".

É isso!

Ah, já ia me esquecendo. Deixei adiante um capítulo de presente para você. Nele tem duzentos termos sobre mercado financeiro que podem, em algum momento, te ajudar nessa sua jornada. Que sejam úteis!

Procure aqui!

A

Ação listada em bolsa – Ação negociada no pregão de uma bolsa de valores.

Ação ordinária – São ações que conferem ao acionista o direito de voto na empresa por ocasião da realização das assembleias de acionistas.

Ação preferencial – São ações que garantem aos acionistas maior participação nos resultados da empresa, mas que não dão direito a voto. A preferência, no caso, diz respeito à distribuição dos resultados, ou seja, os acionistas preferenciais têm prioridade no recebimento de proventos e no reembolso de capital em caso de dissolução da sociedade em relação aos demais acionistas.

Acionista – Quem tem ações de uma sociedade anônima.

Administração ativa – Tipo de estratégia adotada por um fundo de investimentos. Nessa estratégia o gestor não procura replicar nenhum índice, mas tenta sempre obter rentabilidade acima do índice estabelecido como referência.

Administração passiva – Tipo de estratégia adotada por um fundo de investimentos. Nessa estratégia, o gestor procura replicar o retorno de carteira de um índice estabelecido como referência.

ADR – Sigla para *American Depositary Receipt*. São recibos de ações estrangeiras emitidos nos Estados Unidos para serem negociados nas bolsas norte-americanas.

AGE – Assembleia Geral Extraordinária é uma reunião de acionistas, convocada na forma da lei e do estatuto da empresa emitente com o intuito de deliberar sobre qualquer matéria de interesse social. A convocação dos acionistas pela empresa emitente não é obrigatória e depende das necessidades específicas de cada uma.

Ágio – Diferença positiva entre o valor pago e o valor nominal do título de valores. Exemplo: se uma ação vale R$ 80 e alguém paga R$ 90 por ela, o ágio corresponde a R$ 10.

AGO – Assembleia Geral Ordinária: reunião de acionistas convocada de acordo com a lei e com o estatuto da empresa emitente para apresentação dos resultados financeiros, votação dos relatórios de diretoria e eleição do conselho fiscal. A convocação dos acionistas pela diretoria da sociedade anônima é obrigatória e deve ser realizada até quatro meses após o encerramento do exercício social.

Alfa – No mercado, "gerar alfa" significa obter lucros que superem o indicador de referência.

Alíquota – Percentual ou valor fixo que será utilizado para o cálculo de algum tributo.

Alocação da carteira – Forma com que os recursos de uma carteira de investimentos serão alocados entre as várias possibilidades de ativos.

Anbima – Associação Brasileira das Entidades dos Mercados Financeiro e de Capitais. É uma das maiores entidades financeiras do Brasil e funciona como uma reguladora do mercado de ações e de capitais.

Análise fundamentalista – Estuda o comportamento econômico e a saúde financeira da empresa e do ambiente socioeconômico para tomar a decisão de investimento com foco no longo prazo.

Análise técnica ou gráfica – Utiliza os padrões gráficos dos preços das ações para que investidores possam tomar uma decisão de investimento, principalmente nos curto e médio prazos.

Ativos – Bens e direitos possuídos por uma empresa ou fundo de investimentos (títulos públicos, privados, ações, *commodities*, cotas de fundos, etc.).

B

B3 – Bolsa de Valores do Brasil após a fusão da BM&F Bovespa com a Cetip em 2017.

Bacen – Banco Central do Brasil, autarquia autônoma responsável por garantir a estabilidade econômica do país.

BDRs – *Brazilian Depositary Receipts* são valores mobiliários emitidos no Brasil que geralmente possuem ações como lastro ativo. Os BDRs são emitidos no exterior.

Balança comercial – Termo econômico que se refere às contas de importação e exportação de um país.

Banco de investimento – Os bancos de investimento são instituições financeiras privadas que permitem que pessoas físicas ou jurídicas apliquem dinheiro em diversas modalidades.

Bear market – Mercado em tendência de baixa. O *bear* (que significa "urso" em inglês) deve-se à forma como o urso ataca, movimento que sai de cima para baixo, analogia a um gráfico em que o preço das ações é descendente.

Benchmark – Expressão em inglês que significa "ponto de referência". Usado no mercado para caracterizar um indicador usado como referência de desempenho.

Beneficiário – No caso dos planos de previdência privada, denomina a pessoa apontada na proposta de inscrição para receber pagamentos relativos a resgates ou benefícios em caso de falecimento do titular do plano.

Benefício – Pagamento em dinheiro feito pela empresa de previdência ao participante ou aos seus beneficiários a partir da data de concessão do benefício.

Bitcoin – Criptomoeda digital utilizada para comprar e vender produtos e serviços pela internet.

Blue chips – Chamamos de *Blue chips* as ações mais negociadas na bolsa. O termo *blue chip* é originário dos cassinos nos quais, no pôquer, as fichas azuis são as mais valiosas.

BTC – Uma operação em que um investidor aluga uma determinada ação do outro. Durante certo prazo, o investidor que pega a ação, chamado de tomador, paga uma taxa acordada e ganha o direito de utilizar o papel do doador em suas operações.

Bolsa de valores – Mercado organizado em que se negociam ações de empresas de capital aberto e outros valores mobiliários.

BM&F Bovespa – Sigla para Bolsa de Valores, Mercadorias e Futuros de São Paulo. Foi o nome oficial da Bolsa brasileira até 2017, quando se tornou B3.

BNDES – Banco Nacional de Desenvolvimento Econômico Social, órgão governamental responsável pela implementação de políticas de investimento empresarial de longo prazo.

Bonificações – Remuneração paga ao acionista por conta de aumento do capital, ocorrido pela incorporação de reservas ou outros recursos, pago na proporção da quantidade de ações que detém. Pode ser em ações ou em dinheiro.

Bookbuilding – Processo que busca encontrar um preço justo para uma oferta pública de valores mobiliários.

Bull market – Significa que o mercado está em tendência de alta. *Bull* (que significa "touro" em inglês) deve-se à forma com que o touro ataca, com uma chifrada vinda de baixo para cima.

Buy and hold – Estratégia de selecionar ações, comprá-las na bolsa e mantê-las por um longo tempo na carteira, independente das oscilações de curto prazo.

C

Câmbio – Relação entre moeda de dois países que resulta em um preço de uma delas medido em relação à outra.

Carência – Tempo mínimo pedido para que o recurso fique aplicado em um determinado título, sem possibilidade de resgate.

Carga tributária – Termo usado para determinar o quanto se cobra de impostos sobre os rendimentos de um determinado segmento da economia ou da economia como um todo.

Carteira administrada – Serviço mais personalizado oferecido para clientes de maior porte. Em geral, inclui investimentos em ações e renda fixa e também em mercados futuros. A composição dos investimentos é revista diariamente com o cliente, que deve estabelecer seus objetivos em termos de segurança, liquidez e rentabilidade.

Carteira de investimentos – Composição de ativos do investidor (como ações, cotas de fundos e títulos de renda fixa).

CBLC – Companhia Brasileira de Liquidação e Custódia. Órgão responsável por todos os processos de custódia de ações e títulos do mercado de capitais do Brasil.

CDB – Certificado de Depósito Bancário, título de renda fixa emitido por bancos que pode render mais que a poupança.

CDI – Certificado de Depósito Interbancário. Títulos emitidos e negociados apenas entre bancos. A média da taxa cobrada entre os bancos (taxa DI) funciona como referência para alguns investimentos de renda fixa e fundos de investimento.

Cetip – Central de Custódia e de Liquidação Financeira de Títulos Privados, instituição que funciona como uma central depositária oferecendo soluções para depósito, registro, negociação e liquidação de ativos.

Circuit breaker – Mecanismo de proteção que paralisa todos os negócios na Bolsa de Valores quando atingem um determinado limite.

Clube de investimento – Investidores que se juntam para adquirir uma mesma carteira de investimentos em conjunto.

CMN – Conselho Monetário Nacional é um órgão superior do Sistema Financeiro Nacional que tem como missão cuidar da política da moeda e do crédito no país com o objetivo de garantir a estabilidade e o desenvolvimento econômico e social.

Commodities – Produtos que funcionam como matéria-prima (mercadoria).

Contratos futuros – Acordos de compra e venda de determinado ativo para uma data futura, negociados no Mercado Futuro.

Contribuição – Valor aplicado no plano de previdência, podendo ser única, mensal ou esporádica.

COPOM – Comitê de Política Monetária do Banco Central do Brasil. Responsável, entre outras coisas, pela determinação da taxa Selic.

Corretagem – Taxa de remuneração de um intermediário financeiro na compra ou venda de títulos mobiliários.

Corretoras de valores – Instituições financeiras voltadas para investimentos. Intermediam a compra e a venda de valores mobiliários, como títulos e ações.

Cota – É uma fração de um fundo de investimento.

Cotação – Preço de determinado ativo negociado no mercado financeiro.

Criptomoeda – Moedas virtuais utilizadas para transações comerciais *on-line*.

Cupom – Taxa determinada no momento da emissão de um título de renda fixa pela qual um emissor se compromete a pagar juros em intervalos periódicos.

Custódia – Serviço de guarda de títulos e valores prestado aos investidores.

CVM – Comissão de Valores Mobiliários. É uma entidade que tem por objetivo regulamentar e fiscalizar o mercado brasileiro de valores mobiliários e informar ao público sobre quais as companhias que emitiram esses valores.

D

D+0, D+1, D+2, etc. – Termos usados no mercado para definir a data em que se realizou a operação e a data em que se realiza a liquidação e/ou conclusão dessa operação. Exemplo: uma operação D+2 significa que a instituição financeira vai precisar de dois dias úteis para efetivar a operação.

DARF – Documento de Arrecadação da Receita Federal é um documento que tem por finalidade recolher todos os impostos e contribuições recolhidos pela Secretaria da Receita Federal. Pode ser adquirido em qualquer papelaria ou pelo *site* da Receita Federal (www.receita.fazenda.gov.br).

Day trade – Operações de compra e venda de ativos dentro do mesmo dia.

Debênture – Título de dívida de empresa que oferece direito de crédito ao investidor, remunerado por meio de juros prefixados ou pós-fixados

Dedução de IR – Desde 1996, a legislação do IR permite a dedução da base de cálculo do Imposto de IR para pessoas físicas de até 12% da renda líquida do participante de planos de previdência privada (PGBL).

Default – Termo em inglês que significa "insolvência", isto é, o não cumprimento de suas obrigações financeiras.

Deflação – Processo inverso à inflação, ou seja, uma inflação negativa.

Dependente (previdência) – São as pessoas que também fazem parte da proposta da previdência e têm direito ao benefício, mas não são responsáveis pela contratação do seguro, como cônjuge e/ou filhos do participante que, quando indicados, são cobertos pelo contrato de previdência.

Derivativos – Categoria de ativos financeiros que derivam de outros ativos e que têm vencimento futuro, por exemplo, contratos futuros de dólar, milho ou índice.

Deságio – Diferença entre o valor de mercado e o valor nominal de um título. Caso o valor de mercado ou valor pago seja menor que o valor nominal, a diferença é chamada deságio. É o inverso de ágio.

Desdobramento – Ou desdobramento de ações. É uma ação que empresas listadas tomam para dividir suas ações disponíveis em um número maior de ações. Essa decisão é tomada pelo Conselho de Administração. Também chamado pelo mercado de *Split* no inglês.

Diversificação - Estratégia utilizada para diminuir os riscos da carteira e aumentar a possibilidade de bons resultados. Funciona como uma pulverização da sua carteira em diferentes ativos.

Dividendos – Parte dos lucros de uma empresa distribuída a seus acionistas como forma de remuneração.

Dólar – Moeda vinculada a uma das economias mais fortes do mundo: os Estados Unidos.

Dovish – Postura de um Banco Central mais favorável à redução dos juros ou à manutenção de taxas baixas.

Dow Jones – DJIA ou Dow Jones 30 é um dos índices mais famosos do mundo, se não for o mais. Foi criado pelo *The Wall Street Journal* e reúne trinta ações de empresas escolhidas pelo jornal.

E

EBITDA – *Earnings Before Interest, Taxes, Depreciation and Amortization.* Em português significa "lucro antes de juros, impostos, depreciação e amortização" e pode ser substituído pela sigla LAJIDA.

Emolumentos – Taxa cobrada pela Bolsa de Valores sobre as operações de compra e venda de ativos financeiros. A cobrança é feita para pagar os gastos envolvidos nesse tipo de transação.

Especulação – Negociação de ativos realizada com o objetivo de obter lucro no curto prazo.

ETF – *Exchange Traded Funds* se refere a fundos de índices negociados como ações.

Euro – O euro é a moeda oficial e comum de vários países da Europa. Ele entrou em circulação no dia 1º de janeiro de 2002 na maior mudança monetária da história.

F

Fed – Federal Reserve é o banco central dos Estados Unidos. É responsável por formular a política monetária no país, além de regulamentar e supervisionar o sistema bancário norte-americano.

FGC – Sigla que se refere ao Fundo Garantidor de Créditos, instituição que assegura títulos como CDB, LCI e LCA.

FGTS – Fundo de Garantia do Tempo de Serviço é um fundo criado pelo governo federal para formar uma reserva de dinheiro para o trabalhador.

FOMC – Comitê Federal de Mercado Aberto. Ele é muito semelhante ao COPOM (Comitê de Política Monetária) do Brasil. É o braço direito do FED, que determina o rumo das políticas monetárias nos Estados Unidos.

G

Ganho de Capital – É a diferença entre os rendimentos recebidos com a venda de um determinado ativo (ações, imóveis etc.) e o custo de aquisição desse mesmo ativo. O ganho de capital bruto é definido como o ganho antes da incidência de impostos (sobretudo imposto de renda), enquanto o ganho líquido é definido como o ganho após a incidência de impostos.

G20 – Grupo formado pelas sete maiores economias do mundo: Estados Unidos, Alemanha, Canadá, Reino Unido, França, Itália e Japão, além de Brasil, Rússia, Argentina, Austrália, China, Índia, Indonésia, Coreia do Sul, México, Arábia Saudita, África do Sul e Turquia.

Grau de investimento – Mede a capacidade de um país de cumprir o pagamento de suas dívidas.

H

Hedge – Mecanismo que tem objetivo de proteger operações financeiras que têm exposição a grandes variações de preços.

High yield – São títulos de dívidas geralmente emitidos por empresas. Portanto, aplicar em *high yield* é investir em renda fixa. O diferencial desse produto é o fato de pagar mais juros do que a média das aplicações do segmento, pois é um investimento em que há risco de inadimplência.

Hiperinflação – Caso de inflação extremamente elevada.

Home broker – Ferramenta que permite a negociação de ações e outros ativos na Bolsa de Valores pela internet por meio da sua instituição financeira.

I

Ibovespa – Ibovespa significa Índice da Bolsa de Valores de São Paulo. Ele é o principal indicador de desempenho médio das ações listadas. Basicamente, esse índice é uma carteira teórica de ações que contém os ativos que movimentam os maiores volumes de negociação, algo em torno de 80% do total diário.

IGP-M – Índice Geral de Preços do Mercado é uma das versões do Índice Geral de Preços (IGP). É medido pela Fundação Getúlio Vargas (FGV) e registra a inflação de preços desde matérias-primas agrícolas e industriais até bens e serviços finais.

Indexador – Índice utilizado para atualização monetária de um determinado valor. Dentre os indexadores mais usados no país estão os índices de inflação, como o IGP-M, o IPCA e o IPC-FIPE.

Inflação – Fenômeno econômico caracterizado pela alta generalizada e persistente dos preços. No Brasil, é medida por intermédio do IPCA.

Investidor qualificado – Investidores profissionais; pessoa física ou jurídica que possua mais de R$ 1 milhão em aplicações financeiras e ateste essa condição por escrito; pessoa física que possua certificação aprovada pela CVM para exercício da atividade de agente autônomo, administrador de carteiras, analista ou consultor de valores mobiliários.

Investment grade – Termo em inglês para qualificar empresas ou governos com boa capacidade de pagamento, aqueles com "grau de investimento".

IOF – Imposto sobre Operações Financeiras, tributo federal pago em operações de câmbio, crédito, etc.

Alguns títulos resgatados em menos de trinta dias de aplicação precisam pagar IOF.

IR – Imposto de Renda. Tributo pago por pessoas físicas e jurídicas ao governo sobre o valor de sua renda. Também incide sobre alguns investimentos.

IPCA – Índice de Preços ao Consumidor Amplo, medido mensalmente pelo IBGE (Instituto Brasileiro de Geografia e Estatística). Foi criado com o objetivo de oferecer a variação dos preços no comércio para o público final. O IPCA é considerado o índice oficial de inflação do país.

IPO – *Initial Public Offer*. Em português significa "Oferta Pública Inicial" e se refere ao processo pelo qual as empresas passam para abrir seu capital e lançar suas ações na Bolsa de Valores.

J

Juros – Remuneração cobrada em forma de um percentual a quem realiza um empréstimo ou paga a quem investe. Pode ser simples (quando é calculado sobre o valor total) ou composto (quando age tanto sobre o valor inicial quanto sobre os juros dos meses anteriores).

Juro composto – Quando os juros são pagos não somente sobre o valor do principal, mas também sobre os juros obtidos em relação ao principal nos períodos anteriores.

Juros simples – Ao contrário dos juros compostos, nesse caso os juros são pagos apenas sobre o valor do montante (ou principal) da aplicação ou empréstimo.

Juros sobre capital próprio (JSCP) – É uma das formas de uma empresa distribuir o lucro entre os seus acionistas, titulares ou sócios (a outra é sob a forma de dividendos).

L

Letra de Câmbio – A letra de câmbio é um título de renda fixa muito semelhante ao CDB. A principal diferença entre o CDB e a LC é que o primeiro é emitido por um banco e a segunda por financeiras.

Letras de Crédito – Título de renda fixa emitido por instituições financeiras para financiar atividades imobiliárias (LCI) e do agronegócio (LCA).

Letra do Tesouro – Qualquer título emitido pelo governo com prazo fixo e que pague taxa de juro de mercado. Esses títulos também são conhecidos como títulos da dívida pública.

Letra Hipotecária – LH são títulos de investimentos em renda fixa lastreados em crédito imobiliários. O instrumento é emitido por instituições financeiras que emprestam recursos do Sistema Financeiro de Habitação (SFH).

LFT – São títulos de renda fixa que são emitidos pelo Tesouro Nacional, cuja sigla significa Letras Financeiras do Tesouro.

Libor – *London Interbank Offered Rate* é uma taxa referencial utilizada para o cálculo de grandes empréstimos realizados entre instituições financeiras sediadas fora de Londres, mas que realizam as operações na capital da Inglaterra.

Liquidez – Facilidade de resgatar ou vender um ativo. No mercado financeiro, o termo é usado para determinar a capacidade que um título tem de ser convertido em moeda.

Lote padrão – Lote de títulos com as mesmas características e em quantidade fixada pelas bolsas de valores. A maioria das ações brasileiras é cotada em lotes de mil.

LTN – São títulos de renda fixa prefixados, emitidos pelo Tesouro Nacional, cuja sigla significa Letras do Tesouro Nacional.

M

Malha fina – Declarações de Imposto de Renda que foram entregues com erros nas informações prestadas, ou que não foram checadas devido ao aumento no volume de declarações.

Marcação a mercado – Atualização do preço de um ativo conforme a sua última cotação. Existem ativos no mercado financeiro que não possuem muita liquidez, mas ainda assim é possível vendê-los antes do prazo.

Margem de garantia – Valor necessário em conta para investir com alavancagem. Pode ser em dinheiro, títulos públicos, CDB e ações.

Mercado de ações – Ambiente em que são negociadas frações do patrimônio de empresas, na forma de ações.

Mercado de balcão – Ambiente que permite a realização de operações que não estão registradas na Bolsa de Valores.

Market share – *Market share* ou participação/quota de mercado, em tradução livre, é a porcentagem de vendas pela qual uma empresa é responsável dentro do seu nicho. Ou seja, a fração do mercado controlada por ela.

Mercado a termo – O mercado a termo é uma das modalidades de negociação dentro do mercado financeiro. Nele, as negociações são feitas sobre prazos futuros para os ativos envolvidos.

Mercado de capitais – O mercado de capitais é um sistema que proporciona a distribuição de valores mobiliários para que empresas possam viabilizar a sua capitalização por meio da liquidação dos títulos emitidos por elas. Agrega a Bolsa de Valores e demais instituições financeiras, além de órgãos reguladores do sistema.

Mercado futuro – Ambiente dentro da Bolsa de Valores em que são negociados contratos de compra ou venda de ativos com datas futuras de vencimento.

Mercado primário – É aquele em que os títulos ou valores mobiliários, renda fixa e renda variável de uma nova emissão da empresa são negociadas diretamente entre companhia e investidores. Ou seja, o mercado primário é a primeira emissão de qualquer título no mercado.

Mercado secundário – É o local onde os investidores negociam e transferem entre si os valores mobiliários emitidos pelas companhias. Nesse mercado, ocorre apenas a transferência de propriedade e de recursos entre os investidores.

MSCI – É a sigla para Morgan Stanley Capital International, nome da empresa americana que publica índices das principais ações do mundo. Sua principal atividade é medir o desempenho das Bolsas de Valores. Os índices são usados como parâmetros para diversos fundos de investimentos.

N

Nasdaq (National Association of Securities Dealers Automated Quotations) – É uma importante bolsa de valores americana, especializada principalmente em listar grandes empresas do setor de tecnologia. Criada em 1971, ela é a principal concorrente da bolsa de Nova Iorque.

Nota promissória – A nota promissória é uma forma de registrar um empréstimo entre duas partes (o credor, beneficiário, e o devedor, emitente). Em outras palavras, a nota promissória não passa de uma promessa de pagamento.

NTN – Notas do Tesouro Nacional: são títulos de financiamento da dívida do Tesouro que são pós-fixados e possuem várias séries, cada qual com um índice de atualização próprio (IGP-M, dólar, TR, etc.).

Novo Mercado – Novo segmento de listagem de empresas da Bolsa brasileira exclusivo para a negociação de ações de empresas que seguem normas rígidas de governança corporativa.

O

Oferta Pública – Se refere ao processo pelo qual empresas passam para abrir seu capital e lançar suas ações na Bolsa de Valores.

OMC (Organização Mundial de Comércio) – Com sede em Genebra, é um organismo cujo objetivo é ajudar no fomento do comércio internacional por meio da assinatura de acordos comerciais entre os vários países participantes.

Opção – Investimento que dá ao seu titular o direito de comprar ou vender ativos em uma data futura por um preço determinado.

Ordem – Decisão de investimento feita por um investidor na plataforma de sua corretora para comprar ou vender um ativo.

Overnight – Corresponde a algumas operações que os bancos realizam diariamente no mercado aberto visando conseguir recursos para financiar suas posições em títulos públicos. Tais títulos são repassados aos investidores, que devem recomprá-los no dia seguinte mediante uma taxa diária.

P

Participante – Termo usado para se referir aos associados, segurados ou beneficiários de um plano de previdência.

Pecúlio – O pecúlio é o termo que designa o capital segurado para o caso de morte de uma pessoa que seja segurada. É, acima de tudo, uma forma de dar maior proteção aos herdeiros em casos de eventualidades que levem à morte do titular de uma quantia financeira

Período de acumulação – Em planos de previdência, se refere ao período que o investidor contribui, ou seja, investiu no plano.

Perfil de investidor – Também chamado de *suitability*, o perfil de investidor é a análise que identifica suas preferências e expectativas em relação aos investimentos.

PIB – O Produto Interno Bruto é a soma de todos os bens e serviços finais produzidos em um lugar durante um período. É considerado um dos indicadores mais importantes para a macroeconomia com o objetivo de avaliar o desempenho da atividade econômica de uma região.

PGBL – Plano Gerador de Benefício Livre é um dos tipos de previdência privada em que os pagamentos realizados mensalmente podem ser deduzidos do Imposto de Renda até um limite de 12% da renda total tributável.

Plano fechado – Plano de previdência complementar criado pelas empresas em benefício de seus funcionários. Para cada R$ 1 em contribuições do funcionário ao fundo, a empresa deve fazer uma contribuição de no mínimo R$ 1.

Portabilidade – A portabilidade de fundos de previdência privada só permite a migração entre planos da mesma modalidade, ou seja, de Plano Gerador de Benefício Livre (PGBL) para PGBL e de Vida Gerador de Benefício Livre (VGBL) para VGBL. Ocorre na mesma instituição ou entre instituições diferentes, respeitando os seus períodos de carências.

Portfólio – Significa, em outros termos, "carteira". Trata-se de um termo utilizado para descrever um grupo de investimentos que o investidor possui, ou que compõe o fundo de investimento

Pós-fixados – Os investimentos pós-fixados são aqueles em que você não sabe qual será o rendimento. A rentabilidade de um pós-fixado é vinculada a um indexador externo e você só saberá o rendimento final no dia do resgate.

Poupança – Também conhecida como "caderneta de poupança", é um tipo de conta bancária voltada para as pessoas que buscam acumular recurso com liquidez.

Pregão – O pregão é o momento destinado à oferta de lances e fechamento de negócios de compra e venda de ações na Bolsa de Valores.

Preço de exercício – Preço no qual uma opção pode ser exercida, ou seja, no qual o titular poderá comprar ou vender os títulos que são objeto da opção.

Previdência privada – Plano de aposentadoria privada, sem ligação com o INSS. Os planos de previdência privada podem ser disponibilizados por bancos ou seguradoras.

Private equity – Tipo de investimento feito de forma privada em que um investidor aporta seu capital diretamente em empresas com potencial de crescimento a médio e longo prazo com o intuito de lucrar com uma futura venda.

Proventos – Benefícios (dividendos, bonificações, direitos de subscrição, juros sobre capital e outros) distribuídos por uma empresa a seus acionistas.

PTAX – Taxa média do dólar norte americano, praticada no mercado de câmbio, que toma por base as operações realizadas no mercado interbancário. É divulgada pelo Banco Central.

R

Rating – Em português, entendido como "classificação de risco", nota de risco ou classificação de crédito, é o nome dado ao método que avalia o valor de crédito de empresas, bancos e países.

RDB – São títulos de renda fixa privados emitidos por bancos comerciais, bancos de investimentos, sociedades de crédito, sociedades de financiamento e cooperativas de crédito.

Reforma tributária – Reforma político-econômica que visa a mudança da estrutura legislativa de cobrança de impostos, taxas e outras contribuições vigentes em uma nação.

Renda fixa – Títulos que pagam, em períodos definidos, uma certa remuneração, que pode ser determinada no momento da aplicação ou no momento do resgate (no final da aplicação).

Renda variável – Todos os títulos cuja remuneração não é discriminada anteriormente, como acontece com os títulos de renda fixa.

Rentabilidade nominal – É o valor bruto que o investimento rendeu em um determinado período.

Rentabilidade real – Taxa de rentabilidade nominal com desconto da inflação do período.

Resgate – Pagamento de um título, devolução do valor aplicado somado aos juros do período.

Risco – Possibilidade de o investimento trazer prejuízos ao investidor.

Risco país – O risco país, ou risco Brasil, é um indicador que orienta investidores estrangeiros para negociar ou não no Brasil de acordo com o ambiente financeiro ou com sua capacidade de honrar, pontual e integralmente, os pagamentos de sua dúvida.

S

S&P500 – *Standard & Poor's 500 Index*. Trata-se de um índice financeiro que lista as maiores ações (por valor) cotadas nas bolsas americanas.

Selic (taxa) – Sistema Especial de Liquidação e Custódia. É a taxa básica de juros da economia no Brasil definida pelo COPOM e que serve como referência para investimentos como Tesouro Direto e Poupança.

SELIC – Sistema Especial de Liquidação e Custódia. É um sistema informatizado que se destina à custódia de títulos escriturais de emissão do Tesouro Nacional, bem como ao registro e à liquidação de operações com esses títulos.

SFH – Sistema Financeiro da Habitação. É um programa de financiamento habitacional do governo para facilitar a construção, aquisição ou reforma de imóveis residenciais no Brasil.

Small caps – Classificação dada a ações de empresas com pequena capitalização, ou seja, que possuem menor valor de mercado.

Sociedade Anônima – é um tipo de empresa constituída em sociedade em que seu capital é dividido em ações. Também pode ser conhecida pelas siglas SA, S/A ou S.A., além de ser denotada como uma companhia, que contém sua abreviação como "Cia.".

Split – Termo usado para denominar os casos em que ocorre desdobramento de uma ação, resultando em um número maior de ações emitidas com a correspondente redução de seu valor nominal. O *split* não envolve emissão de mais ações, mantendo o capital social da empresa inalterado.

Spread – Termo em inglês que representa a diferença entre o preço pelo qual foi adquirido algo e o preço pelo qual isso está sendo oferecido.

Subprime – É uma modalidade de crédito de risco concedida a tomadores que não apresentam garantias suficientes para comprovar sua adimplência. O termo foi criado nos EUA no início dos anos 2000 como uma forma de empréstimo de segunda linha para o setor imobiliário, que possuía taxas mais altas e alienava a residência do tomador.

Subscrição – Nome dado a um direito que um acionista tem no momento em que uma determinada empresa aumenta o seu capital social. Se a empresa emitir novas ações ao mercado, os acionistas atuais ainda possuem a preferência de compra delas no mercado secundário.

Stop – Preço-limite máximo de prejuízo em uma operação.

Superávit primário – Termo utilizado para determinar o quanto o governo arrecada a mais do que gasta, sendo que nesse cálculo são excluídas as despesas com juros no custeio da dívida pública.

SUSEP – Superintendência de Seguros Privados é o órgão governamental responsável pela autorização, controle e fiscalização dos mercados de seguros no Brasil.

Swap – Operação financeira em que ocorre troca de posições entre investidores em relação ao risco e retorno. Nada mais é do que uma troca de riscos entre duas partes.

Swing trade – O *swing trade* é uma das maneiras de realizar operações no curto e médio prazo no mercado de capitais. A estratégia consiste em monitorar tendências por mais de um dia de forma a alcançar ganhos conforme as ações se movimentam.

T

Tag along – É uma ferramenta de segurança garantida aos acionistas minoritários de uma empresa, permitindo que os acionistas deixem a sociedade caso o controle da empresa passe para um novo investidor, que até então não tinha participação no negócio.

Taxa de administração – Valor cobrado normalmente pelos fundos de investimento para cobrir os custos da gestão.

Taxa de corretagem – Valor cobrado sobre as operações de compra e venda de ativos na Bolsa de Valores. Pode ser uma taxa fixa por operação, um pacote fixo por mês ou um percentual sobre o valor negociado.

Taxa de custódia – Valor cobrado pela Bolsa de Valores brasileira em vários investimentos para cobrir os custos referentes à guarda dos títulos e às informações e movimentações de cada conta. As corretoras também podem cobrar taxa de custódia.

Taxa de juro – Remuneração que o tomador de um empréstimo deve pagar ao proprietário do capital emprestado.

Taxa de performance – Costuma ser cobrada pelos fundos de investimentos quando ultrapassam a rentabilidade de um índice de referência.

Taxa DI – Taxa média diária das operações no mercado interfinanceiro, que é formada a partir da taxa Selic projetada para o dia D+1 e que embute os custos operacionais da instituição, sua margem de lucro e o custo dos impostos incidentes na operação.

Taxa Referencial – TR é utilizada como referência para parte do rendimento da poupança e de outras aplicações, como FGTS e financiamentos imobiliários.

Tesouro Direto – Sistema de negociação de títulos públicos federais em mercado de varejo tratado diretamente com o investidor. O sistema permite a compra de LFTs, LTN e três tipos de NTN: as NTN-C, NTN-B e NTN-F. Para mais informações, acesse: http://www.tesouro.fazenda.gov.br/tesouro_direto/

Títulos públicos – Títulos de renda fixa emitidos pelo Governo Federal para financiar suas atividades e disponibilizados para pessoas físicas por meio do programa do Tesouro Direto.

Trader – Vem da palavra *trade*, que em português significa "comércio" ou "negócio". Nessa lógica, o significado de *trader* seria o de alguém que faz negócios. No mercado financeiro, entende-se que é uma pessoa que realiza transações, principalmente na Bolsa de Valores.

***Treasuries* (títulos do Tesouro norte-americano)** – São as obrigações e títulos de dívida emitidos pelo Departamento do Tesouro dos EUA e negociados no mercado financeiro, semelhante ao Tesouro Direto que temos aqui no Brasil. São divididos em três grupos de acordo com o prazo: *Treasury Bills* (até um ano), *Treasury Notes* (de um a dez anos) e *Treasury Bonds* (dez anos ou mais). Estão entre os investimentos mais seguros do mundo.

U

Units – Ativos compostos por mais de uma classe de valores mobiliários. Quando você compra uma *unit*, você está comprando um pacote de ativos, como ações ordinárias, preferenciais, bônus de subscrição etc.

V

Vacância – Espaço não locado de um empreendimento imobiliário.

Valor de mercado – Indica o valor que um investidor receberia por um determinado ativo caso o mesmo fosse vendido no mercado naquele mesmo dia.

Valor mobiliário – Papéis e títulos com valores que oscilam, como, por exemplo, títulos públicos, CDBs, ações, etc.

Valor Patrimonial por Ação (VPA) – Valor do patrimônio líquido de uma empresa dividido pela sua quantidade de ações. Se uma empresa possui o valor patrimonial de R$ 1 milhão e coloca cinquenta mil ações no mercado, o VPA da empresa é de R$ 20 (1.000.000/50.000). O VPA é considerado um importante indicador para a análise fundamentalista.

Valuation – "Avaliação de empresa", em português. É o processo usado pelos analistas para estimar o valor real de um ativo ou empresa, projetando, dessa forma, o valor de suas ações para o futuro e um possível retorno do investimento em um ativo.

Variação – Indica a oscilação, para cima ou para baixo, na cotação de um determinado ativo durante um período específico.

VGBL – Vida Gerador de Benefício Livre é uma modalidade de previdência privada indicado para quem entrega a declaração simplificada do imposto de renda e/ou não contribui para a previdência pública.

Volatilidade – Medida de risco que indica as variações do preço de um ativo. Quanto mais o preço de uma ação varia em um período curto de tempo, maior o risco de se ganhar ou perder dinheiro negociando essa ação, e, por isso, a volatilidade é uma medida de risco.

W

Wall Street – Comunidade financeira localizada no sul de Manhattan, em Nova Iorque. É também o local onde se situam a Bolsa de Valores de Nova Iorque (NYSE), várias bolsas de mercadorias e as sedes dos principais bancos, companhias de seguro, corretoras e outras instituições financeiras dos Estados Unidos.

Sobre o autor

Me chamo Marcelo Coelho. Nasci nos anos 1980, mais precisamente em 1984, e sou natural de São Paulo. Sou um brasileiro com dupla cidadania, brasileira e portuguesa, esta adquirida por ser filho do mestre "portuga" Mario Coelho, que se aventurou em uma vinda ao Brasil aos seus dezoito anos em busca de oportunidades no país das oportunidades, como era chamado o Brasil pelos portugueses na ocasião, a bordo de um navio português. Porém, ao adentrar nesse país maravilhoso, ele conheceu uma belíssima brasileira de antecedentes italianos chamada Maria Neide Zanqueta (minha mãe) e, assim, aqui fincou raízes, se casou e teve quatro filhos, sendo eu o caçula.

Sou graduado em Administração de Empresas com ênfase em Comércio Exterior pela Universidade São Judas Tadeu e *Portfolio Manager* pela New York University. Possuo certificação CEA (Certificação de Especialista em Investimentos ANBIMA), que me permite assessorar gerentes e clientes em relação a investimentos e também sou CFP® (*Certified Financial Planner*) por uma certificação internacional que concede aos profissionais certificados padrão internacional de conduta ética e responsabilidade na prestação de serviços de planejamento financeiro pessoal. Além disso, tenho certificação PQO (Programa de Qualificação Operacional), que foi criada pela Bolsa de Valores Oficial do Brasil (B3) com o intuito de atestar a qualificação de profissionais e instituições que atuam no mercado financeiro junto à B3.

Ao todo são dezoito anos atuando no mercado financeiro em bancos e corretoras, com a maior parte desse período em mesas de operações auxiliando os clientes nas tomadas de decisões no mercado acionário. Foram treze anos no ambiente de corretora exercendo funções como *trader*, assessor de renda variável, coordenador ou gerente de mesa de operações. Os últimos anos foram dedicados à assessoria de investimentos e planejamento financeiro tanto na fomentação e aprofundamento de conhecimento sobre os mais diversos tipos de produtos de investimentos quanto na prática da assessoria financeira ao cliente final, auxiliando-o em seu planejamento financeiro, entendendo seu momento de vida, seu perfil de investidor e o mantendo informado em relação aos cenários e as possibilidades de ajustes em sua carteira de investimentos.

Escrevo este livro em um período extremamente delicado não só em nosso país, mas no mundo como um todo. Estamos em meados de abril/maio de 2020 (período de escrita deste livro), passando por um período de isolamento, enfrentando a pandemia mundial da covid-19, que leva vidas de forma precoce, destrói famílias, desmorona sonhos e abala economias como talvez jamais tenha ocorrido antes.

Vivemos dias de confinamento em nossas casas (no caso de quem consegue e pode), cheios de esperanças, aguardando por soluções, em busca de dias melhores.

"Que ao ler este livro você esteja em um belo dia,
vivendo felicidades com a mente leve e o
coração esperançoso em um mundo de volta
à normalidade em uma nova normalidade."

Marcelo Coelho

Esta obra foi composta em sistema CTcP
Capa: Supremo 250 g – Miolo: Book Ivory Slim 65 g
Impressão e acabamento
Gráfica e Editora Santuário